Les Ateliers Hachette présentent :

CE1
Cycle 2

LE FRANÇAIS à la découverte du monde

Manuel de français

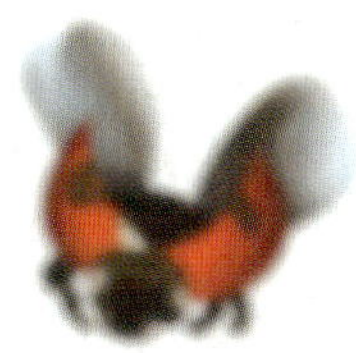

Martine GÉHIN
Professeur des Écoles Maître Formateur

Judicaël GÉHIN
Professeur des Écoles

HACHETTE Éducation

Avant-propos

Deux livres en un

Le CE1 occupe une place particulière dans le cycle des apprentissages fondamentaux qui est celui des grandes découvertes et des premières maîtrises. C'est pourquoi il nous a semblé important d'**articuler** les activités de **découverte du fonctionnement de la langue orale** et **écrite** autour de documents et de textes variés portant sur les thèmes de l'**espace**, du **temps**, du **vivant** et de la **matière**.
Cette **transdisciplinarité** permet de couvrir les programmes des deux disciplines qui s'enrichissent ainsi mutuellement.

Une organisation simple

Le manuel se compose de 17 modules.
Chaque module comprend :
- une double page documentaire pour découvrir le thème traité ;
- 4 pages sur l'observation réfléchie de la langue française (orthographe, grammaire, vocabulaire, conjugaison) ;
- une double page documentaire pour enrichir puis compléter le thème abordé et clôturer le module.

Tous les deux modules, une double page « À travers les écrits » propose à l'enfant de découvrir le fonctionnement d'autres types d'écrits.

Une démarche claire

La démarche de l'ouvrage s'inscrit dans **une dynamique de questionnement et d'observation réfléchie de la langue**.
Les thèmes sont stimulants et proches des préoccupations des élèves. Les documentaires de découverte du monde reprennent, dans leurs titres, les questions que les enfants se posent. Ce questionnement, qui implique l'élève dans sa globalité, précède celui sur l'organisation, le codage, le fonctionnement de l'écrit.
L'**observation** des documents, la **lecture fine** des textes, l'**analyse** des régularités de la langue permettent de construire des connaissances explicites, des **savoirs** et des **savoir-faire**.
L'ensemble permet d'accéder à une première culture par le biais de **supports variés** : textes documentaires, extraits de textes littéraires, poésies.
Le *Français à la découverte du monde* propose des activités de production d'écrit qui établissent un lien entre le thème abordé en découverte du monde et les savoir-faire approchés dans les pages de découverte du fonctionnement de la langue.
Les activités menées dans les **ateliers** liés aux documents et présents dans les pages « À travers les écrits » permettent de mener à bien des séances fondées sur la maîtrise de la **langue orale**.

Une démarche active

Sans cesse, l'élève est amené à s'**interroger**, à **observer**, à **classer**, à **comparer**, à **s'exercer**, à **expliciter**, à **établir des liens**, à **utiliser**, à **construire**, à **structurer**, à **agir**, à **produire**.
Les **ateliers** permettent de réfléchir, de confronter différents points de vue, de débattre, de mettre en mots ses connaissances du monde et d'élargir ses savoirs.

Une acquisition progressive

L'acquisition **progressive** de la **maîtrise de la langue** se fait par le biais de situations variées qui impliquent l'élève : lecture, langue orale, analyse réflexive, production d'écrit.
Les pages « À travers les écrits » ont un caractère **méthodologique** ; elles constituent **un pont vers tous les écrits** qui entourent l'enfant. L'élève approfondit ses connaissances sur :
- **le fonctionnement des supports** : sommaire, table des matières, tableaux, modes d'emploi, schémas...
- **les différents types d'écrit** : listes, bande dessinée...
- **la présentation des textes** : illustrations, découpage en paragraphes, dialogue...
- Enfin, l'élève prend en compte **le contexte** (polysémie).

Une présentation attractive

Dans les documentaires

L'élève se **repère** facilement : il identifie les différentes parties des documentaires tous rédigés, volontairement, à l'identique :
- une **question** (celle de l'enfant),
- un **texte introductif**,
- des informations traitées dans des **paragraphes courts**,
- des illustrations accompagnées de **légendes**,
- une rubrique « **Le sais-tu ?** » qui rappelle des présentations de type magazine,
- le **dictionnaire** pour comprendre les mots difficiles,
- et, pour les activités de l'oral ou de l'écrit, les **ateliers**.

Dans les pages de fonctionnement de la langue

Les séquences commencent par **un texte à observer** et des **recherches** ; des activités d'**entraînement** et d'**appropriation** suivent, puis, en bas de page, un **encadré** reprend l'essentiel de ce qu'il faut savoir. La terminologie n'est pas à retenir, forcément, par l'élève ; elle apporte précision et clarté. L'encadré fonctionne comme une banque de données à laquelle l'élève peut facilement avoir accès et se référer seul, si besoin.

Un outil de communication

Ce manuel voyagera très souvent de l'école à la maison : lecture ou relecture des documents, réalisation de certains exercices, apprentissage de poésies... Trait d'union entre l'école et le monde, il fait partager ce que l'enfant a appris et découvert dans les deux disciplines.

Suivi éditorial → Anastassia Losséva, Séverine Charbonnel Bojman
Maquette intérieure → Création des pages de français et des logos : Vision Unit • Création des pages documentaires : Caroline Rimbault • Mise en page : Maogani.
Couverture → Création : Laurent Carré • Illustration : Laurent Boyer • Exécution : Mediamax
Dessins de l'ouvrage : Jean-Louis Goussé • Parchemins et dictionnaires : Nathalie Deverschère.

ISBN 2.01.11.6451.6
hachette-education.com

Les principaux déterminants

ARTICLES INDÉFINIS **un – une – des**	Masculin	un crayon des manteaux
	Féminin	une trousse des écharpes
ARTICLES DÉFINIS **le – la - l' – les**	Masculin	le garçon l'alphabet les bancs
	Féminin	la fille l'hirondelle les craies
DÉTERMINANTS POSSESSIFS **mon – ton – son** **ma – ta – sa** **mes – tes – ses** **notre – votre – leur** **nos – vos – leurs**	Masculin	mon livre ton cahier son nom notre maître votre car leur stylo mes lacets tes gants ses dessins nos arbres vos élastiques leurs emplois du temps
	Féminin	ma photo mon ardoise ta feuille ton assiette sa gomme son équerre notre école votre classe leur directrice mes étiquettes tes affaires ses lunettes nos billes vos balles leurs chaises
DÉTERMINANTS DÉMONSTRATIFS **ce – cet – cette – ces**	Masculin	ce bâtiment cet escalier ces rosiers
	Féminin	cette porte ces fenêtres

Sommaire

Le Français à la découverte du monde CE1 propose l'essentiel des connaissances dans deux champs disciplinaires complémentaires :
- la découverte du monde : **L'espace** **La matière** **Le vivant** **Le temps** **L'informatique**
- la maîtrise de la langue : **Vocabulaire**, **Orthographe**, **Grammaire**, Conjugaison.

Les pages signalées ainsi (**9**) indiquent la présence d'un texte de littérature.

Module 1	Pages	Objectifs
L'espace : Comment parler de ta classe ?	6-7	Comprendre la notion de plan et de photographie.
Vocabulaire : Des mots pour situer	8	Savoir utiliser des mots précis pour situer des éléments dans l'espace.
Orthographe : Les syllabes	**9**	Identifier les syllabes et savoir découper un mot en syllabes.
Grammaire : Les majuscules	10	Associer les majuscules à un début de phrase ou à un nom propre.
Grammaire : Les phrases	11	Repérer les phrases d'un texte, connaître les différents signes de ponctuation.
L'espace : Comment montrer ton quartier ?	12-**13**	Comprendre le rapport entre une photo aérienne et un plan quadrillé.
Module 2	**Pages**	**Objectifs**
L'espace : Où habites-tu ?	14-15	Observer et comparer la vie en ville et la vie à la campagne.
Vocabulaire : Lire et écrire une adresse	16	Lire les informations figurant dans une adresse et savoir en libeller une.
Orthographe : Voyelles et consonnes	17	Distinguer la lettre seule dans un groupe de lettres produisant un son.
Grammaire : Les verbes	18	Identifier les verbes d'action et les verbes d'état.
Grammaire : L'explicite et le contexte	19	Comprendre les mots nouveaux grâce au contexte.
L'espace : Où partir en vacances ?	20-**21**	S'intéresser à la vocation touristique des paysages.
À travers les écrits : Qu'est-ce qu'un sommaire ? Une table des matières ?	22-23	Lire et tirer des informations d'un sommaire et d'une table des matières.
Module 3	**Pages**	**Objectifs**
La matière : Peut-on vivre sans eau ?	24-25	Mesurer l'importance de l'eau dans la vie des êtres vivants.
Vocabulaire : L'ordre des événements	26	Repérer les mots marquant les enchaînements logiques des événements.
Orthographe : Bien couper les syllabes	27	Reconnaître les sons pour pouvoir repérer les syllabes et lire les mots.
Grammaire : Les verbes d'action	28	Identifier les verbes d'action dans les textes injonctifs.
Grammaire : L'implicite dans un texte	**29**	Extraire et formuler les informations implicites d'un texte.
La matière : Est-ce que l'eau change de forme ?	30-**31**	Connaître les différents états de l'eau.
Module 4	**Pages**	**Objectifs**
La matière : Y a-t-il de l'air autour de toi ?	32-33	Appréhender l'air qui est autour de soi et comprendre ses fonctions.
Vocabulaire : L'ordre alphabétique	34	Situer les lettres de l'alphabet pour trouver un mot dans le dictionnaire.
Orthographe : La lettre **a**	35	Reconnaître des phonèmes associant la lettre A à d'autres lettres.
Conjugaison : L'impératif	36	Identifier les verbes à l'impératif et comprendre l'emploi de l'impératif.
Grammaire : Les indices du texte	37	Repérer les indices dans un texte afin de rétablir les informations implicites.
La matière : Peut-on vivre sans air ?	38-**39**	Mesurer l'importance de l'air dans la vie des êtres vivants.
À travers les écrits : Comment présenter une liste ?	40-41	Repérer différents types de listes et apprendre à les rédiger.
Module 5	**Pages**	**Objectifs**
Le vivant : Qu'est-ce qu'un être vivant ?	42-43	Identifier les différentes étapes de la vie des êtres vivants.
Vocabulaire : Plus, moins, autant, aussi…	44	Utiliser des mots et des expressions pour formuler des comparaisons.
Orthographe : La lettre **i**	**45**	Repérer les différents statuts de la lettre I.
Grammaire : Les substituts	46	Repérer et utiliser différentes désignations pour un même animal.
Conjugaison : Les pronoms	47	Reconnaître et utiliser les pronoms sujets.
Le vivant : Comment vivent les animaux ?	48-**49**	Comprendre les modes de locomotion et de nutrition des animaux.

Module 6	Pages	Objectifs
Le vivant : Quels animaux vont ensemble ?	50-51	Approcher la classification des animaux.
Vocabulaire : Les mots-étiquettes	52	Savoir classer les mots par champ sémantique.
Orthographe : La lettre **o**	53	Repérer les différents statuts de la lettre O.
Grammaire : Singulier et pluriel	54	Distinguer le singulier et le pluriel. Utiliser les règles d'accord en nombre.
Conjugaison : Avoir ou être ?	55	Identifier et conjuguer les verbes avoir et être.
Le vivant : À qui sont ces petits ?	56-57	Appréhender la notion de reproduction chez les animaux.
À travers les écrits : Comment sont présentées les idées dans un texte ?	58-59	Comprendre le découpage en paragraphes d'un texte, et que chaque paragraphe d'un texte est porteur d'une idée.
Module 7	**Pages**	**Objectifs**
Le temps : Qu'est-ce qu'une année ?	60-61	Lire la frise des mois et faire le lien entre année civile et année scolaire.
Vocabulaire : Situer des événements dans le temps	62	Repérer les mots qui marquent le temps et les enchaînements logiques d'un texte.
Orthographe : La lettre **e** (1)	63	Reconnaître des phonèmes associant la lettre E à d'autres lettres.
Conjugaison : Présent, passé et futur	64	Comprendre l'usage des variations des verbes indiquant le temps.
Grammaire : Les phrases négatives (1)	65	Comprendre l'usage de la négation et savoir l'utiliser.
Le temps : Avec quels outils décrire le temps ?	66-67	Lire et utiliser un calendrier et un emploi du temps.
Module 8	**Pages**	**Objectifs**
Le temps : Qui rythme les jours et les saisons ?	68-69	Approcher le mouvement des planètes. Lire un schéma scientifique.
Vocabulaire : Raconter l'heure	70	Maîtriser le vocabulaire pour lire et écrire l'heure qu'il est.
Orthographe : La lettre **e** (2)	71	Repérer les différents statuts de la lettre E.
Conjugaison : Le futur	72	Comprendre l'emploi du futur et reconnaître un verbe conjugué au futur.
Grammaire : La ponctuation	73	Identifier les signes de ponctuation et comprendre leur emploi.
Le temps : Comment mesurer le temps ?	74-75	Connaître les différents instruments de mesure du temps et leur évolution.
À travers les écrits : À quoi servent les illustrations ?	76-77	Identifier le sens de chaque illustration.
Module 9	**Pages**	**Objectifs**
L'espace : Qu'est-ce que la Terre ?	78-79	Découvrir la planète Terre. Lire un schéma scientifique.
Vocabulaire : Les familles de mots	80	Identifier les familles de mots pour comprendre un mot nouveau.
Orthographe : La lettre **c**	81	Identifier et lire sans erreur les différents phonèmes associés à la lettre C.
Grammaire : Les groupes indispensables à la phrase	82	Acquérir la notion de complément circonstanciel, de groupe de verbe et de nom.
Conjugaison : Le passé composé	83	Identifier l'emploi de l'auxiliaire dans la conjugaison au passé composé.
L'espace : Comment montrer la Terre ?	84-85	Reconnaître les différentes représentations de la Terre.
Module 10	**Pages**	**Objectifs**
L'espace : L'homme agit-t-il sur la nature ?	86-87	Reconnaître les aménagements de l'homme dans la nature.
Vocabulaire : Dire le contraire	88	Mobiliser et utiliser le vocabulaire nécessaire pour exprimer le contraire.
Orthographe : La lettre **u**	89	Repérer les différents statuts de la lettre U.
Grammaire : Le masculin et le féminin	90	Reconnaître les indications de genre et les utiliser à bon escient.
Conjugaison : Conjuguer au passé composé	91	Comprendre l'emploi des auxiliaires au passé composé.
L'espace : Peut-on protéger l'environnement ?	92-93	Mesurer l'incidence de notre comportement sur la nature.
À travers les écrits : À quoi servent tous ces écrits qui nous entourent ?	94-95	Comprendre la fonction de chacun des écrits.
Module 11	**Pages**	**Objectifs**
La matière : À quoi sert un thermomètre ?	96-97	Comprendre le fonctionnement d'un thermomètre.
Vocabulaire : Les adverbes	98	Reconnaître et utiliser les adverbes.
Orthographe : La lettre **p**	99	Repérer les différents statuts de la lettre P.
Grammaire : Les déterminants	100	Savoir repérer et utiliser les déterminants.
Grammaire : Les phrases négatives (2)	101	Savoir utiliser les mots qui marquent la négation.
La matière : Quel temps fait-il ?	102-103	Connaître les différents climats et saisons.

Module 12	Pages	Objectifs
La matière : Quelle énergie pour ces objets ?	104-105	Comprendre le fonctionnement des objets familiers qui nous entourent.
Vocabulaire : Les mots composés	106	Enrichir son vocabulaire et comprendre la formation des mots composés.
Orthographe : La lettre **s**	107	Repérer les différents statuts de la lettre S.
Grammaire : Les phrases interrogatives	108	Identifier et utiliser les phrases négatives.
Conjugaison : L'infinitif	109	Repérer et savoir utiliser le verbe à l'infinitif.
La matière : Qu'est-ce que l'électricité ?	110-111	Approcher la notion d'électricité et comprendre son utilité.
À travers les écrits : Comment présenter un schéma ?	112-113	Lire un schéma et comprendre la légende qui l'accompagne.

Module 13	Pages	Objectifs
Le vivant : Comment bouges-tu ?	114-115	Connaître son corps. Comprendre les mouvements du corps.
Vocabulaire : Les expressions imagées	116	Comprendre le sens figuré des expressions et les utiliser à bon escient.
Orthographe : La lettre **t**	117	Repérer les différents statuts de la lettre T.
Grammaire : Les adjectifs	118	Savoir identifier les adjectifs et comprendre leur fonction.
Conjugaison : Les verbes changent	119	Identifier les formes conjuguées d'un même verbe et les utiliser.
Le vivant : Quels sont les cinq sens ?	120-121	Identifier chacun des sens et leur rôle.

Module 14	Pages	Objectifs
Le vivant : Pourquoi est-ce que tu grandis ?	122-123	Observer le fonctionnement du corps. Comprendre la croissance.
Vocabulaire : Les synonymes	124	Savoir utiliser les synonymes d'un mot selon le contexte.
Orthographe : La lettre **g**	125	Repérer les différents statuts de la lettre G.
Conjugaison : Les verbes pronominaux	126	Repérer les formes pronominales des verbes et les utiliser.
Grammaire : Le sujet du verbe	127	Identifier le sujet d'un verbe et comprendre les règles d'accord.
Le vivant : Pourquoi faut-il manger ?	128-129	Connaître les aliments et leur rôle dans la croissance.
À travers les écrits : Comment lire un tableau ?	130-131	Lire et tirer des informations de tableaux à une seule et à double entrée.

Module 15	Pages	Objectifs
Le temps : Pourquoi y-a-t-il des jours fériés ?	132-133	Connaître la signification des jours fériés.
Vocabulaire : Les différents sens d'un mot	134	Repérer les différents sens d'un mot selon le contexte.
Orthographe : Les sons ail, eil, euil, ouil	135	Repérer et orthographier correctement les sons complexes ail, eil, euil, ouil.
Conjugaison : Le verbe aller	136	Identifier toutes les formes conjuguées du verbe aller.
Grammaire : Les compléments de temps	137	Identifier les compléments de temps dans la phrase.
Le temps : Qui compose ta famille ?	138-139	Comprendre d'où l'on vient et savoir lire un arbre généalogique.

Module 16	Pages	Objectifs
Le temps : Comment c'était, avant ?	140-141	Connaître les modes de vie du passé.
Vocabulaire : Les préfixes	142	Repérer les préfixes et comprendre leur signification.
Orthographe : Le pluriel des noms et des adjectifs	143	Repérer les marques du pluriel et comprendre son emploi.
Conjugaison : L'imparfait	144	Comprendre l'emploi et identifier les marques de l'imparfait.
Grammaire : Les compléments de lieu	145	Reconnaître les compléments de lieu dans la phrase.
Le temps : Quel âge ont ces monuments ?	146-147	Comprendre que chaque période de l'histoire laisse des traces de son époque.
À travers les écrits : Comment savoir qui parle ?	148-149	Identifier ce que dit un personnage dans un dialogue ou une bande dessinée.

Module 17	Pages	Objectifs
TIC : Comment communiquer ?	150-151	Découvrir des objets anciens et récents pour communiquer.
Vocabulaire : Les registres de langue	152	Comprendre et maîtriser l'utilisation des différents registres de langue.
Orthographe : Les consonnes finales muettes	153	Savoir discriminer les lettres muettes dans un mot.
Conjugaison : Accorder le verbe	154	Accorder convenablement le verbe à son sujet.
Grammaire : Assembler avec le petit mot **et**	155	Comprendre les usages et la conjonction de coordination ET.
TIC : Des ordinateurs, pour quoi faire ?	156-157	Connaître le rôle et l'usage des ordinateurs.
À travers les écrits : Comment bien comprendre le sens d'un mot ?	158-159	Comprendre qu'un mot peut avoir plusieurs sens et sélectionner le sens qui convient à l'aide du contexte (ou d'un dictionnaire).

Comment parler

Tu es dans ta nouvelle salle de classe.
Tu veux la présenter à tes amis.
Tu peux décrire la classe :
« on voit des tables, des chaises,
un tableau, des armoires, des étagères,
des plantes, des fenêtres… »
ou montrer comment elle est !
Tu as plusieurs solutions.

Prendre une photo

Pour montrer la réalité, l'idéal c'est de prendre une photo. Mais sur la photo, tu ne vois pas ce qui est derrière le photographe !

Sur cette photo de la salle de classe de Basile, tu ne vois ni la porte ni la fenêtre.

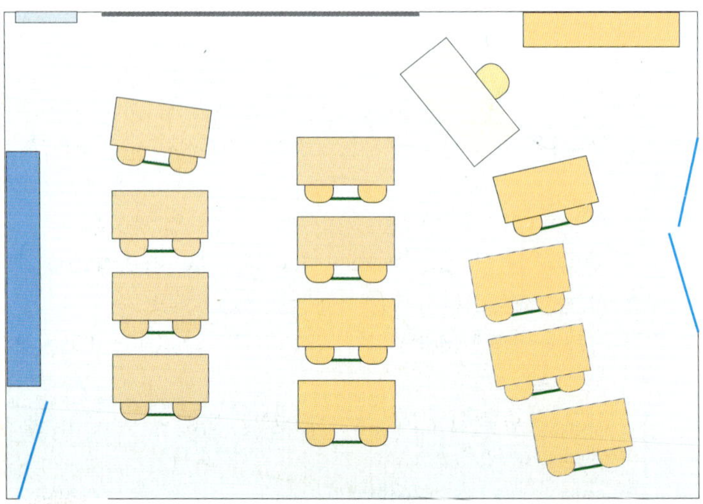

Basile a fait un plan qui représente sa classe.

Faire un plan

Sur un plan, tu ne dessines pas tous les détails de la réalité, mais tu représentes « à plat » l'essentiel. Le plan explique facilement comment la classe est organisée : tu peux montrer où est ta place et où sont assis tes camarades.

de ta classe ?

▸ Choisir son point de vue

Ce que tu vois autour de toi dépend de l'endroit où tu te trouves. Si tu regardes un objet en étant à un endroit, puis si tu changes de place, tu ne vois pas les mêmes choses.
Si tu es proche, tu vois tous les détails de l'objet.
Si tu es loin, tu peux voir ce qu'il y a autour.

Un lapin vu de face.

Le lapin vu de dos.

Le lapin vu de très près.

Le lapin vu de loin.

Le sais-tu ?

Il y a un peu plus de 120 ans, en 1882, Jules Ferry rendait l'école obligatoire pour tous les enfants âgés de 6 à 13 ans.

un plan

Un plan est une représentation à plat d'un espace : il montre l'essentiel.

Atelier

- Quelles différences y a-t-il entre la photo et le plan ?
- Qu'est-ce qui te permet de montrer le plus de choses : le plan ou la photo ?
- Quelles sont les ressemblances et les différences entre les quatre images du lapin ?
- Que vois-tu en plus sur l'image du lapin vu de loin ?

Objectif : Connaître et utiliser des mots précis pour situer des éléments dans l'espace.

Des mots pour situer

Observe

• **Trouve tous les lapins et indique à quel endroit chacun est placé.** •

1 Recopie ces phrases et ajoute le mot qui convient.

Des lapins ont envahi ma classe !

- Il y a des lapins partout … ma classe.
- L'un est monté … le bureau, un autre se cache … du globe, un autre s'est glissé … un cartable !
- Plusieurs se trouvent … les tables.

2 Regarde bien la photo de la classe de Basile, page 6, et copie les bonnes réponses.

Imagine que tu es assis dans cette classe.

- Le tableau est juste devant toi.
- La fenêtre est à ta gauche.
- Le bureau est au milieu de la classe.
- Il y a une porte au fond de la classe.
- La pendule est au-dessus du tableau.

3 Recopie et relie les mots qui racontent la même chose.

dans •	• à l'extérieur
dehors •	• à l'intérieur
tout près •	• au centre
au milieu •	• à proximité
devant •	• au premier plan

Les petits mots *dans*, *sur*, *sous*, *devant*, *derrière*, *entre*… et les expressions *à côté de*, *à gauche de*, *à droite de*, *près de*, *loin de*, *au milieu de*, *au centre*, *à l'extérieur*, *à l'intérieur*… permettent de situer les éléments les uns par rapport aux autres dans l'espace.

Objectif : Identifier les syllabes et savoir découper un mot en syllabes.

Les syllabes

Observe

Puzzle

Syllabe 1 : é,
Syllabe 2 : lé,
Syllabe 3 : phant.
Avec du papier collant,
Tu obtiens éléphant.

Syllabe 3 : phant,
Syllabe 1 : é,
Syllabe 2 : lé.
Si le colleur s'est trompé,
Éléphant est faon ailé.

Pierre Coran, *Jaffabules*, Hachette Jeunesse.

• **Explique pourquoi cette poésie s'appelle Puzzle.** •

1 Compte combien de syllabes tu entends dans ces mots (repère les coupures). Recopie-les.

car / ta / ble	ta / bleau	plan	ours
our / son	or / di / na / teur	so / leil	mer / cre / di
quar / tier	mur	bi / bli / o / thè / que	heu / reu / se / ment

2 Recopie et sépare ces mots en syllabes en plaçant les traits où il faut.

d e v a n t	t a b l e	d e m a n d e r	p o é s i e
é t a g è r e	p h o t o	l o n g t e m p s	j o u r n a l

3 Écris ces mots en remettant les syllabes dans l'ordre.

ven/di/dre : …	ar/se/doi : …
é/lier/co : …	cré/ré/tion/a : …
moi/ar/re : …	ma/thé/ti/ma/ques : …
der/re/gar : …	co/rier/lo : …

4 Écris ces mots en ajoutant la syllabe qui manque dans chaque colonne.

… meau	… chand	… nettes
… grin	… motte	… mière
… peau	… di	… tin
… leur	… teau	… ne

Les mots peuvent être coupés en **syllabes**. Une syllabe est un **son** ou un **groupe de sons** que l'on prononce en une seule fois. Le mot *sty/lo* a deux syllabes.
Certains mots n'ont qu'une syllabe : *dans, jour*…
Quand on doit aller à la ligne, on coupe les mots à la fin d'une syllabe (*la / pin*).

Grammaire

Objectif : Repérer les majuscules et savoir associer leur présence à un début de phrase ou à un nom propre.

Les majuscules

Observe

Il était une fois un pauvre menuisier. Un jour, Gepetto fabriqua un pantin de bois. Il l'appela Pinocchio. Le pantin pouvait bouger et parler. Gepetto lui fit des habits pour qu'il puisse aller à l'école comme un vrai petit garçon. Il vendit sa vieille veste pour lui acheter un alphabet.

Lis le texte et repère les majuscules. Réponds ensuite à ces questions.

Combien de phrases le texte a-t-il ?

Comment s'appelle le menuisier ?

Quel nom a-t-il donné au pantin ?

1 Recopie tous les mots du texte qui ont une majuscule. Que remarques-tu ?

2 Recopie ce texte en mettant les majuscules.

aujourd'hui, la petite joséphine a apporté son hamster en classe.
il est dans une cage. il s'appelle chocolat.
elle a posé la cage sur une étagère.
comme cela, tout le monde peut le voir.

3 Recopie ce tableau puis classe chaque nom propre dans la bonne colonne.

Noémie France Michel Italie Méditerranée Angélina
les Alpes Picasso Lyon la Terre Guillaume Cléopâtre

Nom de **personne**	Nom de **lieu** (ville, pays, planète...)

- Les majuscules servent à indiquer le début d'une phrase.
  Les oiseaux s'envolent. Ils partent.
- Les majuscules servent aussi à écrire les noms propres.
  Monsieur Martin est allé à Paris avec ses petits-enfants Luc, Marina et Julie.

Objectif : Savoir repérer le découpage d'un texte en phrases, connaître différents signes de ponctuation.

Les phrases

Observe

Luana a déménagé. Elle habite maintenant dans une grande ville.
Elle fréquente une nouvelle école.
Elle s'est vite habituée à sa nouvelle vie.
Elle qui avait peur de se retrouver toute seule ! Elle a plein de copains et plein d'amies.
Et savez-vous qui est sa meilleure amie ? C'est moi !

Lis ce texte puis compte le nombre de phrases.

1 Dans le texte ci-dessus, recopie :

la troisième phrase : ... ; la phrase la plus courte : ... ; la question : ...

2 Reconstitue l'histoire en recopiant les phrases dans l'ordre.

	Elle dit : « C'est le roi Hiver qui m'envoie pour que tu ne sois plus seul.
	Un soir, il sortit et prit dans ses mains des flocons de neige.
1	Il était une fois un pauvre potier qui vivait seul.
	Un des flocons de neige se transforma en une jolie princesse.
	Je suis la princesse Flocon de Neige. »

3 Recopie et complète ces débuts de phrases en ajoutant des détails et la ponctuation.

Mathilde est allée ....

Je ne sors pas parce qu'il ....

Il était une fois ....

Comment ton chat ....

Quelle chance tu as de ....

Une phrase est une suite de mots qui a un sens. Une phrase commence par une majuscule et se termine par un point. Elle peut être courte ou longue. Sans majuscule et sans ponctuation (. , ; ! ?), on aurait du mal à comprendre ce qui va ensemble.

Comment montrer

L'ESPACE

Quand tu te promènes dans ton quartier, tu vois des rues, des maisons, des arbres, des places de parking, des magasins... Tu peux montrer cet ensemble sur une photo prise de loin et de haut, ou tu peux situer ton quartier sur un plan de la ville.

Vue aérienne du quartier

Avec une vue aérienne

La photo aérienne montre bien le tracé des rues et des bâtiments. Elle sert souvent de base pour dessiner le plan du quartier.

Plan en relief du quartier du Louvre, à Paris, en 1643.

Le sais-tu ?

Au Palais des Beaux-Arts à Lille, tu peux admirer des plans en relief de quelques grandes villes de France. Ces maquettes présentent les cités telles qu'elles étaient il y a 300 ans !

ton quartier ?

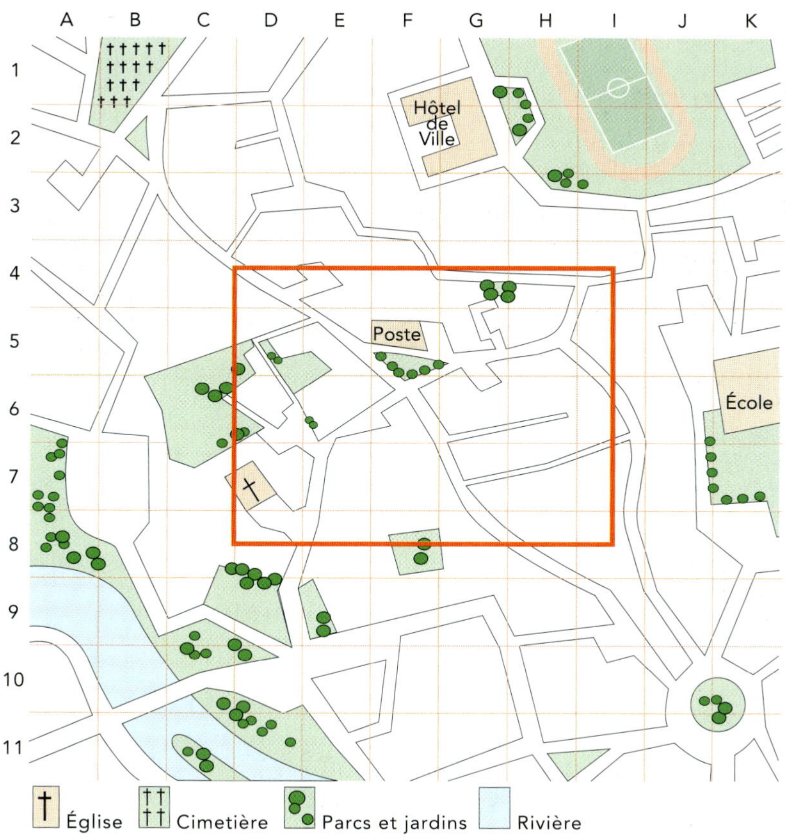

Avec un plan quadrillé

Sur le plan, tu retrouves les routes et les bâtiments de la photo. Le quadrillage sert à bien indiquer les emplacements. La légende aide à comprendre les couleurs et les symboles utilisés. Tu peux facilement repérer une rue et la situer sur le plan.

Viens en France...

Viens en France, enfant lointain.
Nous avons des villes vieilles,
vieilles, dont chaque pierre
a une histoire ; et des villes jeunes,
jeunes, plus jeunes que toi.
Viens en France, enfant lointain.
Tu connaîtras des garçons comme
toi, qui jouent, qui apprennent,
qui veulent être heureux...

Alain Bosquet
Le Cheval applaudit
Les Éditions Ouvrières

Ateliers d'écriture

Atelier 1 : Fais un plan de ta classe puis dessine-toi à ta place, raconte comment est ta classe, où tes amis sont assis...

Atelier 2 : Dessine et raconte en quelques phrases le trajet que tu fais pour aller de ta maison à l'école. Parle des bâtiments que tu vois.

Pense à écrire des phrases qui commencent par une majuscule et se terminent par un point.

Module 2 — L'ESPACE

Où habites-tu ?

Selon que tu habites en ville ou à la campagne, les paysages que tu vois sont différents et les habitudes de vie ne sont pas les mêmes.

En ville

La circulation automobile est importante en ville.

▶ Vivre et travailler en ville

Beaucoup de gens vivent ou travaillent en ville. Il y a des immeubles, des magasins, des bureaux, des écoles… Tu peux facilement te distraire (cinémas, musées…), faire du sport (patinoires, piscines…), ou te faire soigner (hôpitaux…).

▶ Habiter et circuler en ville

Le centre ville est souvent le quartier le plus ancien. Des immeubles nouveaux, des lotissements, des supermarchés se construisent autour de la ville qui grandit sans cesse.
Tu circules à pied, en vélo, en voiture ou en utilisant les transports en commun : le bus, le métro, le tramway. Les rues sont encombrées par la circulation.

Vue aérienne d'un centre ville

Le sais-tu ?
1 Français sur 6 habite dans la région parisienne qui compte 10 millions d'habitants.

À la campagne

Ce berger conduit son troupeau vers un autre alpage.

De belles pommes normandes !

▶ Un environnement calme

À la campagne, tu es proche de la nature : des prés, des forêts, des champs cultivés, des vignes... Il est facile de trouver de l'espace pour se promener ou courir !

▶ Des déplacements parfois plus longs

Certaines personnes travaillent dans les villages, d'autres travaillent dans la ville la plus proche. Les trajets sont souvent longs. Parfois, tu dois prendre un car pour aller à l'école du village voisin.

Un village au milieu des vignes

les transports en commun

Autobus, métro, tramway et train sont des transports en commun : ils permettent de se déplacer à plusieurs dans le même véhicule.

Atelier

- Quelles sont les grandes différences entre la photo de la ville et celle du village ?
- Quels sont les avantages à vivre en ville et à la campagne ?

Objectif : Savoir lire les informations d'une adresse et savoir en libeller une.

Lire et écrire une adresse

Observe

Regarde cette enveloppe et réponds aux questions.

Comment s'appelle la ville ?

Quel en est le code postal ?

À qui cette lettre est-elle adressée ?

À quel numéro de l'allée des Noisetiers habite-t-il ?

1 Trouve l'intrus de chaque liste. Recopie-le.

Pour t'apporter ton courrier, le facteur a besoin de connaître :

- ton nom de famille – ton surnom – ton prénom ;
- le numéro de la rue – le nom de la rue – la longueur de la rue ;
- le nom de ton grand-père – le nom de la ville ou du village ;
- ton numéro de téléphone – le code postal de la ville ou du village.

2 Recopie et relie ce qui va ensemble.

une avenue •	• c'est une rue très longue et très large.
une impasse •	• c'est une grande rue.
un boulevard •	• c'est une ruelle sans issue.
un chemin •	• c'est un sentier de terre.
une allée •	• c'est une petite rue bordée d'arbres ou de haies.

3 Écris ton adresse sur une enveloppe. Applique-toi.

Une adresse contient les renseignements qui permettent de localiser une personne.
Elle comporte, dans l'ordre :
- première ligne : le prénom et le nom de famille (précédé de *Monsieur*, *Madame* ou *Mademoiselle*) ;
- deuxième ligne : le numéro puis le nom de la rue ;
- troisième ligne : le code postal puis le nom de la ville ou du village.

Objectif : Revoir les notions de voyelles et consonnes. Distinguer la lettre seule de la lettre associée à d'autres pour produire un son.

Voyelles et consonnes

Observe

Liste 1 → ici – piscine – midi – kiwi – fini
Liste 2 → polo – photo – métro – moto – forêt
Liste 3 → ananas – canard – bandana – maman – transport

Lis ces listes de mots et dis ce que tu remarques. Qu'y a-t-il de différent dans la liste 3 ?

1 Recopie et complète ces mots avec les voyelles **a** ou **i** .

une mont...gne	une v...lle	un qu...rtier	un p...rc
un pays...ge	l'hor...zon	la camp...gne	une égl...se
un p...rking	un v...ll...ge	une pl...ge	mon ...dresse

2 Écris ces mots en ajoutant la consonne qui manque dans chaque colonne.

...ontagne	...lan	...ue	...rayon
...er	...anneau	...oute	...lé
...idi	...ays	...ègle	...artable

3 Écris ces mots en ordonnant les lettres. Aide-toi des définitions.

L I E C → Il est bleu quand il fait beau.
C O R U → On y joue à la récréation.
R A B E R → C'est une grande plante qui fait de l'ombre.
L L O O T B A F → C'est un sport d'équipe.
C C H O O A L T → Il peut être noir ou au lait.

L'alphabet est l'ensemble des **26 lettres** qui sont utilisées pour écrire les mots en français. Il comporte **6 voyelles** (a, e, i, o, u, y) et **20 consonnes** (b, c, d, f...).
Il y a plus de 26 sons car on peut regrouper des lettres pour former d'autres sons :
c - h : *ch* ; a - n : *an*, a - i : *ai*, a - i - n : *ain*, a - u : *au*...

Grammaire

Objectif : Identifier le verbe dans la phrase grâce à ses caractéristiques (verbe d'action ou verbe d'état). Acquérir une première approche de la conjugaison.

Les verbes

Observe

1

2

Regarde attentivement les images 1 et 2. Raconte ce que font les personnes.

1 Lis les mots en rouge et écris à quelle image (1 ou 2) ils correspondent.

écrire **bavarder** **sauter** à la corde **boire** **courir**
manger **jouer** aux billes **dessiner** **marcher** **s'asseoir**

2 Recopie et relie.

Une voiture •	• se gare sur le parking.
Chloé •	• cache le soleil.
Un nuage •	• joue au ballon.
Les sapins •	• sont toujours verts.

3 Complète les phrases avec les mots en rouge, puis écris le texte.

observons - regarde - passent - s'installe est - marchent - souffle - retombent

- Je … par la fenêtre. Maman … avec moi.
- Nous … le spectacle de la rue qui … très animée.
- Des voitures … sur la route. Des gens … en se dépêchant.
- Le vent … et fait s'envoler quelques feuilles.
- Elles … lentement sur le trottoir.

Les mots écrits en **rouge** sont des **verbes**. Les verbes servent à raconter des **actions** :
*Je **cours**, mon voisin **éternue**, les feuilles **tombent**…*
Ils servent aussi à **décrire** : *le ciel **est** bleu, mon chat **semble** endormi…*
Le verbe change (il se **conjugue**) : *Jérémie **joue**, nous **jouons**, hier il **a joué**.*

Objectif : Savoir extraire les informations explicites d'un texte. Comprendre des mots nouveaux grâce au contexte.

L'explicite et le contexte

Observe

Sur le chemin de l'école

Les élèves qui habitent le quartier du Merle Blanc ont pris l'habitude de faire la route ensemble. Le premier à être prêt et à attendre les autres sous l'acacia de la place est toujours Victor, un petit blondinet de 7 ans. C'est lui le plus matinal.
Viennent ensuite Amélie et sa sœur Olivia qui a 12 ans et va au collège.
Ils rejoignent ensemble les enfants de la rue du Parc. Si personne n'est en retard, toute la bande a l'habitude de jouer un peu sur l'esplanade du musée avant de rejoindre l'école élémentaire Charles Perrault.

Lis ce texte puis raconte ce que tu as appris.

1 Lis ces informations et classe-les en deux listes.

Liste A : Le texte « **Sur le chemin de l'école** » le dit.
Liste B : Le texte « **Sur le chemin de l'école** » ne le dit pas.

- Les enfants habitent la ville de Tours.
- Le plus matinal est Victor.
- Les enfants se déplacent en rollers.
- Ils habitent le quartier du Merle Blanc.
- Amélie a 7 ans.
- Ils passent devant le musée Picasso.

2 Relis le texte « Sur le chemin de l'école » puis réponds aux questions.

a) Comment s'appelle l'arbre sous lequel Victor attend ?
b) Comment s'appelle la sœur d'Amélie ?
c) Quel âge Olivia a-t-elle ?
d) À quelle condition jouent-ils un peu sur l'esplanade du musée ?

3 Trouve le mot esplanade dans le texte et réponds par Vrai ou Faux.

- Je n'ai jamais vu ce mot avant aujourd'hui.
- Ce mot a un rapport avec un arbre.
- Ce mot désigne la place qu'il y a devant le musée.

Un texte donne beaucoup d'informations. Chaque phrase raconte quelque chose de différent. Un texte comporte des mots qui sont parfois inconnus : les autres mots nous aident à comprendre ce qu'il veulent dire.

Où partir en

En France, tu peux aller en vacances au bord de la mer ou à la montagne. Les paysages sont très variés : les côtes sont très différentes les unes des autres et les montagnes ne se ressemblent pas.

Une côte rocheuse en Bretagne

À la mer

▶ Des paysages différents

Si tu vas au bord de la mer, en Bretagne, en Normandie ou sur la côte d'Azur, tu ne verras pas le même type de paysage. Il y a des bords de mer avec des plages sableuses, comme dans les Landes. Il y en a d'autres avec des falaises.

Les falaises d'Étretat

▶ Des activités multiples

Le bord de mer accueille tous les ans des touristes : tu peux t'y baigner, faire de la voile, du surf, des châteaux de sable...
Mais certaines personnes y travaillent aussi toute l'année. Tu trouves : des chantiers navals, des pêcheurs, des éleveurs d'huîtres...
Certaines grandes villes de la côte, comme Marseille, sont des ports importants.

Un grand port, Marseille

Une plage de sable dans les Landes

Le sais-tu ?

Sur 100 personnes en vacances :
- 45 vont en bord de mer,
- 15 vont à la montagne,
- 24 séjournent à la campagne,
- 10 séjournent en ville,
- 6 font un circuit.

les ballons

Des montagnes aux sommets arrondis dans les Vosges.

vacances ?

À la montagne

Des paysages variés

Les hauts sommets des Alpes et des Pyrénées sont enneigés même en été. Dans les Vosges, les sommets arrondis des ballons ont des pentes couvertes de forêts.
En Auvergne, tu peux voir des volcans... éteints !

L'ascension du Petit Prince

Le Petit Prince fit l'ascension d'une haute montagne. Les seules montagnes qu'il eût jamais connues étaient les trois volcans qui lui arrivaient au genou. Et il se servait du volcan éteint comme d'un tabouret. « D'une montagne haute comme celle-ci, se dit-il donc, j'apercevrai d'un coup toute la planète et tous les hommes... » Mais il n'aperçut rien que des aiguilles de roc bien aiguisées.

Antoine de Saint-Exupéry
Le Petit Prince
Éditions Gallimard

Les cratères éteints des volcans de la chaîne des Puys

Les sommets rocheux et enneigés des Alpes en été

Ateliers d'écriture

Atelier 1 : Raconte où tu habites : le nom de la ville ou du village. Écris quelques phrases qui décrivent le paysage que tu vois.

Atelier 2 : Où préfères-tu passer tes vacances ? Pourquoi ? Qu'aimes-tu faire ? Rédige un texte court pour l'expliquer. Donne des renseignements précis.

Pour répondre à la question « Qu'aimes-tu faire ? », utilise des verbes d'action.

Atelier 3 : Fais un dessin qui illustre le texte du Petit Prince et recopie la phrase qui va avec ton dessin.

Des activités de saison

Selon les saisons, tu peux faire du ski, de la randonnée, de l'escalade, découvrir les pâturages avec les troupeaux, ou visiter une fromagerie...
Dans les vallées, il y a souvent des usines importantes.
La montagne travaille toute l'année !

Qu'est-ce qu'un sommaire ? Une table des matières ?

Au début du livre : le sommaire

Observe

L'ESPACE

1 Représenter la classe 2
2 Représenter le quartier 4
3 Les hommes bâtissent 6
4 Les hommes travaillent 8
5 Les hommes se déplacent 10
6 Les hommes se distraient 12
7 Le plan pour se repérer 14
8 La carte pour se déplacer 16
9 Observer un fleuve 18
10 Observer le temps qu'il fait 20
11 Lire un paysage 22
12 L'homme et l'environnement 24
13 Les paysages du globe 26
14 Les hommes du monde 28
15 Les échanges à travers le monde 30

• **Observe la couverture et le sommaire du livre.** •

Recherche

Réponds aux questions.

- Quel est le titre du livre ?
- Quel est le titre du sommaire présenté ?
- Combien de chapitres y a-t-il ?
- Où les numéros de page sont-ils écrits ?
- Quel est le titre du chapitre 6 ?
- À quelle page trouve-t-on « les paysages du globe » ?

1 Observe la couverture et le sommaire. Recopie et relie.

	• le nom de l'auteur.
Sur la couverture, je lis •	• le titre des chapitres.
	• le titre du livre.
Dans le sommaire, je lis •	• les numéros de page.
	• le nom de la collection.

Atelier

- Retournez aux pages 3, 4 et 5, observez le sommaire de votre livre. Lisez les titres et repérez les thèmes qui ont un rapport avec les animaux.

À la fin du livre : la table des matières

Observe

T A B L E

✷ LE CHAT ET L'ALCHIMISTE	3
✷ CHAUVE-SOURIS	5
✷ CHAMEAU, CHAMOIS	7
✷ DO RÉ MI FA CHOL	9
✷ LA MOUCHE QUI MOUCHE	11
✷ LA CHENILLE ET LA CHEMISE	13
✷ SOURIS TOUSSE	15
✷ CHIOT ET CHOU	17
✷ LE PHACOCHÈRE	19
✷ LES SOURIS ET LE CHAT LUTHIER	21

Observe la table des matières et la couverture de ce recueil de poésies.

Recherche

Réponds aux questions.

- La table des matières indique-t-elle le nom de l'auteur ?
- Combien de comptines le livre comporte-t-il ?
- À quelle page se trouve la comptine « Chiot et Chou » ?
- Combien de comptines parlent-elles de souris ?
- Quel est le titre de la cinquième comptine ?
- Que lit-on à la page 15 ?
- Quelles sont les comptines qui comportent le nom d'un animal ?

2 Observe la couverture et la table des matières. Recopie et relie.

Sur la couverture, je lis •	• le nom de l'auteur.
Dans la table des matières, je lis •	• le titre des comptines.
	• le titre du livre.
	• les numéros de page.
	• le nom de la collection.

Atelier

- Choisissez un livre de contes ou un recueil de poésies. Cherchez la table des matières. Repérez les titres et les numéros des pages.

Le sommaire (au début du livre) ou la table des matières (à la fin du livre) présentent ce qu'il y a dans le livre.
Ils indiquent le titre des différentes parties (les sujets traités, les comptines présentées…) et précisent à quelle page on peut les trouver. Le sommaire ou la table des matières permettent d'aller rapidement à la page qui nous intéresse.

Peut-on vivre

Sur une photo de la Terre prise depuis l'espace, tu vois des continents sur lesquels les hommes vivent et de grandes étendues d'eau : les mers et les océans. Dans les régions froides, l'eau peut être sous forme de glace comme au pôle Nord et au pôle Sud.

La Terre vue de l'espace

L'eau sur la Terre

▶ La planète bleue

On appelle la Terre la planète bleue car l'eau recouvre les trois-quarts de sa surface (les océans, les mers, les rivières, les lacs).
L'eau ne cesse de se transformer et de voyager : tantôt sous forme de vapeur, tantôt sous forme de glace, l'eau est presque partout.

Le sais-tu ?

Tous les êtres vivants ont besoin d'eau !
Un être humain doit boire environ 1,5 litre d'eau par jour.
Un arbre adulte a besoin de 500 litres d'eau par jour !

Sans irrigation, pas de plantes !

▶ Des endroits sans eau

Mais il y a des endroits très secs comme les grands déserts d'Afrique et d'Asie.
Il est difficile de vivre dans ces paysages de sable et de pierres...
Les hommes qui y vivent doivent se déplacer pour trouver de l'eau.

sans eau ?

L'eau, indispensable à la vie

▶ De l'eau pour ton corps

L'eau que tu bois te permet de fabriquer la sueur qui rafraîchit ton corps en cas d'effort. L'eau t'aide à éliminer les déchets de ton corps (quand tu urines). Elle est aussi présente dans ton sang. Sans eau, tu ne peux pas vivre.

s'évaporer
Se transformer en un gaz invisible qui se mélange à l'air.

Sans eau, cette plante fanera et mourra bientôt !

▶ De l'eau pour les plantes

L'eau que les plantes retirent du sol transporte des aliments qui les nourrissent. La plante ne garde pas beaucoup d'eau pour elle : une grande quantité s'évapore, rejetée dans l'air par les feuilles qui transpirent.

Atelier

- Sous quelles formes trouve-t-on de l'eau sur la Terre ?
- Y a-t-il de l'eau partout sur la Terre ?
- Pourquoi dit-on que l'eau est indispensable à la vie ?

Vocabulaire

Objectif : Savoir repérer dans un texte les mots qui marquent les enchaînements logiques et ordonnent les événements.

L'ordre des événements

Observe

Le cycle de l'eau

Au commencement, le soleil chauffe l'eau de la mer qui se transforme en vapeur invisible. **Ensuite**, cette vapeur se refroidit dans l'air : elle se condense et forme **alors** les nuages. **Après**, le vent pousse les nuages au-dessus des terres. **Puis**, l'eau tombe sous forme de pluie ou de neige. **Enfin**, l'eau s'écoule dans les rivières **et** retourne à la mer.

• **Lis le texte et dis à quoi servent les mots écrits en vert.** •

1 Recopie les mots selon leur ordre d'apparition dans le texte ci-dessus.

puis	enfin
au commencement	alors
après	ensuite

2 Recopie et complète cette recette avec puis, enfin, ensuite, d'abord.

Recette du sorbet à la fraise

Nous mixons … les fraises.

… nous ajoutons un jus d'orange et un peu de sucre.

… nous plaçons le mélange dans un bac au congélateur.

… nous laissons refroidir notre sorbet pendant 6 heures.

3 Choisis le mot en orange qui convient et recopie les phrases.

- Je me lave les dents avant / après le petit déjeuner.
- Avant / Après les fortes pluies, les chemins sont très boueux.
- Nous changeons de jour avant / après minuit.
- L'eau se transforme en vapeur avant / après que le Soleil la chauffe.

Les mots employés pour indiquer l'ordre sont : *d'abord, ensuite, puis, enfin.*
On peut dire aussi : *premièrement, deuxièmement…, au commencement, alors…*
Pour situer deux actions, on emploie *avant, après*, on peut aussi employer le mot *et*.
*Je déjeune **et** je pars.* *__D'abord__ je dessine, __ensuite__ je colorie.*

Objectif : Observer les mots, reconnaître les sons pour pouvoir repérer les syllabes et lire correctement les mots.

Bien couper les syllabes

Observe

Les grêlons comme des mirabelles
Quand vient le gel nous gelons
Prenez vos seaux et vos pelles
Ou vos mains, c'est selon
Pour construire en neige, gros sel
Une grande tour Eiffel

• **Lis ce texte et trouve les mots qui ont les mêmes syllabes.** •

1 Trouve les sons que l'on entend dans chaque mot puis classe-les dans le tableau.

le gel — nous gelons — du miel — selon — je m'appelle
Elsa — Barcelone — le sel — une peluche — une ribambelle

j'entends [ɛ] → le gel	j'entends [ə] → nous gelons

2 Lis les mots de chaque liste et repère l'intrus (c'est à dire le mot qui ressemble, mais dont le sens est différent).

- du sel – une libellule – un melon – un violoncelle
- un prunier – la lune – une dune – lundi
- une lampe – une rame – il rampe – un champignon
- dimanche – une image – un timbre – la limonade

3 Recopie seulement les mots où tu entends [a] comme dans glace.

un ami	une chambre
une orange	une lame
un canard	une plante
une planète	un océan
un manteau	Madame

Dans certains mots, on voit les mêmes lettres mais on n'entend pas le même son.
Pour bien lire, il faut découper le mot en syllabes.
lun/di – lu/ne *grain : 1 syllabe – grai/ne : 2 syllabes*

Objectif : Identifier les verbes d'action et leur conjugaison à l'impératif dans des textes injonctifs.

Les verbes d'action

Observe

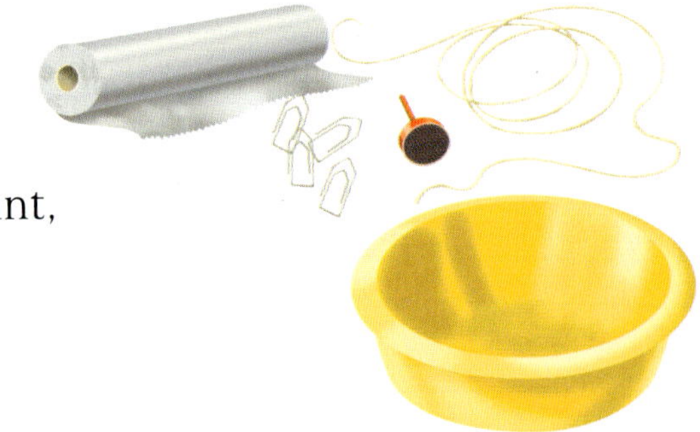

La pêche à la ligne

Matériel : du papier d'aluminium, 4 trombones, un petit aimant, de la ficelle, un bâton, une cuvette avec un peu d'eau.

1. **Découpe** quatre poissons dans le papier d'aluminium.
2. **Fixe** un trombone sur chacun d'eux.
3. **Noue** une ficelle sur le bâton, puis attache l'aimant à l'autre bout pour fabriquer la canne à pêche.
4. **Pose** les poissons dans la cuvette remplie d'eau.
5. **Attrape** les poissons avec la canne à pêche.
   Le gagnant est celui qui en pêche le plus en deux minutes.

Lis cette notice de fabrication d'un jeu et les consignes pour y jouer. Repère les mots écrits en rouge.

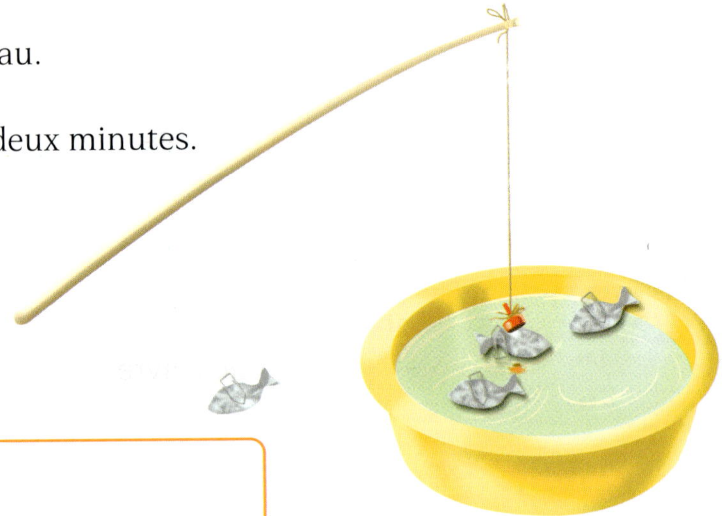

1 Lis les phrases et réponds par Vrai ou Faux.

- Le texte est une recette de cuisine.
- Le texte apprend à devenir un bon pêcheur.
- Le texte explique la fabrication d'un jeu.
- Le jeu se joue à l'extérieur, au bord d'une rivière.

2 Recopie ce tableau et place les verbes dans la bonne colonne.

découpe – colle – décore – fixe – fabrique – remplis – noue
mélange – cloue – épluche – écrase – pose – cuis – attache

Dans une recette	Dans une notice de fabrication

3 Réponds aux questions.

- Quel titre porte la liste de ce qu'il faut pour fabriquer le jeu ?
- Pourquoi y a-t-il des numéros ?
- Quelle phrase donne la règle du jeu ?
- À quoi sert l'illustration ?

Dans certains écrits (recette, notice de fabrication, règles du jeu…), ce sont les verbes d'action qui permettent de savoir ce qu'il y a à faire : *découpe, pose, attrape*, etc. L'ordre des actions est important : on le montre en numérotant les étapes.

Objectif : Extraire et formuler les informations implicites d'un texte.

L'implicite dans un texte

Observe

Les oies et la tortue

Une tortue vivait dans un étang. Elle avait pour amies deux oies. Mais, comme une grande sécheresse régnait depuis longtemps, les oies lui dirent un jour :
« Nous devons partir maintenant. »
Elles allèrent faire leurs adieux à la tortue.
La tortue se lamenta.
« Tortue, tu es un animal aquatique, tu n'as pas d'ailes, tu ne peux pas venir avec nous. »

La tortue répliqua : « Mais si, il y a un moyen. Allez chercher un bâton. Je vais m'y agripper avec les dents tandis que vous prendrez une extrémité dans votre bec. Ainsi vous pourrez me porter jusqu'à un autre étang.
– Ton idée nous inquiète un peu, dirent les oies… »

Léonard Clark, *Contes du Panchatantra*
Trad. M. Delattre – Éditions Flammarion

Lis le texte et raconte l'histoire à ta façon.

1 Classe ces questions en deux catégories.

A. Où la tortue et les oies vivaient-elles ?
B. La tortue et les oies aiment-elles vivre près de l'eau ?
C. Pour quelle raison les oies décident-elles de partir ?
D. Les oies partent-elles sans prévenir la tortue ?
E. Pourquoi la tortue se lamente-t-elle ?
F. Comment la tortue peut-elle être emportée ?
G. Pourquoi cette idée inquiète-t-elle les oies ?

Le texte **donne la réponse.**	Je **devine la réponse.**

2 Trouve le mot aquatique dans le texte et réponds par Vrai ou Faux.

- Le mot aquatique ressemble au mot aquarium.
- Le mot aquatique veut dire « qui vit dans l'eau ».

3 Imagine une fin à l'histoire de la tortue et des deux oies.

Un texte donne des informations, mais parfois tout n'est pas écrit.
On peut **deviner** certaines choses :
Il y a une grande sécheresse. ***Les oiseaux sont obligés de partir, parce qu'il n'y aura bientôt plus d'eau dans leur étang.***
La tortue se lamente ***parce que ses amies vont partir sans elle.***

LA MATIÈRE

Est-ce que l'eau

L'eau ne se présente pas toujours sous la même forme : elle est souvent à l'état liquide (dans les rivières, les mers…), mais tu peux aussi la trouver à l'état solide (glace, grêlons, neige) ou, invisible, à l'état gazeux dans l'air.

▸ De l'eau qui coule

Dans la vie de tous les jours, on a l'habitude de rencontrer l'eau sous la forme d'un liquide : la pluie, l'eau des mers, des lacs, des ruisseaux, l'eau du robinet… Mais l'eau n'est pas toujours liquide, cela dépend de la température.

▸ Trop froid !

Lorsque la température descend à 0 °C ou en dessous, l'eau se refroidit et se transforme en un solide : la glace. La neige et le givre sont aussi de l'eau… solide !

À 0 °C et en dessous de 0 °C, l'eau gèle. Dans les pays où les hivers sont très froids, on peut alors patiner à la surface des étangs !

change de forme ?

Le sais-tu ?
L'eau salée gèle aussi : la banquise est de l'eau de mer salée… gelée !
Les icebergs sont, eux, des blocs d'eau douce gelée.

À 100 °C, l'eau de ce café très chaud s'évapore ; elle se condense ensuite en buée dans l'air plus froid au-dessus de la tasse.

Trop chaud !

Quand on fait bouillir de l'eau, à 100 °C, elle se transforme en gaz invisible et se mélange à l'air. Attention, ne mets pas tes mains au-dessus d'une casserole d'eau bouillante, tu pourrais te brûler avec la vapeur qui est invisible.

Histoire salée

La douce rivière
Sortant de son lit
S'est jetée ma chère
Dans les bras mais oui
Du beau fleuve.

L'eau coule sous les ponts
Et puis les flots s'émeuvent
N'êtes-vous au courant ?
Il paraît que la rivière
Va devenir mer !

Roland Bacri
Le Petit Poète
Syros

Ateliers d'écriture

Atelier 1 : Écris une recette : « Comment faire des glaçons à la grenadine ».

Atelier 2 : Décris ce qui se passe sur les vitres froides d'une fenêtre lorsqu'on fait bouillir de l'eau dans la même pièce.

Atelier 3 : Raconte les aventures d'une petite goutte d'eau qui voyage.

Y a-t-il de l'air

L'air est partout autour de toi. C'est un gaz invisible. Tu peux le sentir sur ton corps quand tu souffles sur tes doigts, quand il y a du vent ou quand tu fais des courants d'air en laissant portes et fenêtres ouvertes.

▶ De l'air que l'on devine

Quand tu souffles dans un ballon, il se met à grossir. Le ballon se remplit d'air. Une bouteille vide n'est pas vide : elle est pleine d'air ! Si tu la plonges dans une bassine remplie d'eau, elle laisse échapper des bulles d'air.

▶ De l'air qui se déplace

Le vent, c'est le mouvement naturel de l'air qui se déplace en suivant une direction. Plus le vent souffle fort, plus l'air se déplace vite. Pour montrer la force et la direction du vent, on utilise une manche à air.

Un ballon bien gonflé !

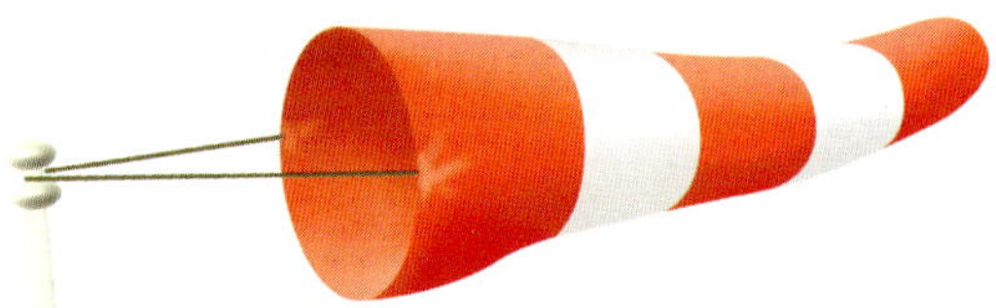

Le vent déplace les montgolfières. L'air chaud qu'elles contiennent est plus léger que l'air froid de l'atmosphère. C'est pour cela qu'elles montent dans le ciel !

autour de toi ?

▸ De l'air qui transporte

L'air transporte les sons : ils se déplacent à plus de 1 000 kilomètres à l'heure.
L'air transporte les odeurs : tu joues dans ta chambre et soudain, tu sens une bonne odeur de gâteau… à l'instant où, dans la cuisine, on vient d'ouvrir la porte du four !

Le premier drapeau planté sur la Lune en 1969.

Le sais-tu ?

Un drapeau ne peut pas flotter au vent sur la Lune : il n'y a pas d'air ! Il faut le tendre sur des tiges rigides.

▸ De l'air qui porte

Un avion se maintient dans le ciel grâce à sa vitesse et à ses ailes qui s'appuient sur l'air. Les oiseaux font la même chose en battant l'air avec leurs ailes. Planeurs et parapentes voyagent en prenant appui dans les courants aériens.

l'air
Un mélange de plusieurs gaz (dont le dioxygène) qui forment l'atmosphère à la surface de la Terre.

Atelier

- Qu'est-ce qui te prouve que l'air existe ?
- Quelle expérience, qui utilise de l'eau, prouve qu'il y a de l'air autour de toi ?
- Pourquoi, sans air, n'entendrions-nous rien ?
- Que montre une manche à air ?
- Quels moyens de transports utilisent l'air ?

Vocabulaire

L'ordre alphabétique

Objectif : Savoir situer précisément n'importe quelle lettre dans l'alphabet pour pouvoir effectuer des recherches dans un dictionnaire ou classer des mots dans l'ordre alphabétique.

Observe

A B C qui a vu voler
D E F G un oiseau léger
H I J bien loin de son nid
K L qui bat des ailes
M N O qui monte haut
P Q R dans les airs
S T U l'as-tu vu ?
V W as-tu remarqué
X Y son bec comme un Z ?

Observe la comptine et dis ce que tu remarques.

1 Observe l'alphabet et réponds.

- Quelle lettre est placée entre D et F ?
- Quelle lettre est placée entre H et J ?
- Quelle lettre est placée entre U et W ?
- Quelles lettres sont placées entre W et Z ?

2 Range ces prénoms dans l'ordre alphabétique.

LAURINE ANTOINE
JEANNE LÉA
DAMIEN TITOUAN

3 Trouve le mot qui n'est pas à sa place (regarde l'ordre de l'alphabet des lettres en orange). Recopie chaque liste dans l'ordre alphabétique.

Liste 1 arbre – canne – mammouth – fenêtre – glace – hibou
Liste 2 cadeau – carré – camion – canard – canne – cave

Dans un dictionnaire, les mots sont classés dans l'ordre alphabétique.
Le dictionnaire présente d'abord tous les mots qui commencent par la lettre A.
Tous les mots qui commencent par A sont eux-mêmes rangés selon leur deuxième ou leur troisième lettre. *Agneau* est avant *ami* qui est avant *amuser*.

Objectif : Reconnaître des phonèmes associant la lettre A à d'autres lettres.

La lettre a

Observe

Trois canards

Ailes repliées
Il est sur terre
Le canard vert

Ailes mouillées
Il est sur l'étang
Le canard blanc

Ailes déployées
Il est dans l'air
Le canard fier

Lis la comptine. Classe les mots où tu vois la lettre a en plusieurs familles.

1 Recopie et classe ces mots dans le tableau.

une année – un volcan – aérien – un camp – un pantin – une chambre
un hamster – une canne – un enfant – une banane – une dame – un océan

J'entends [a]	J'entends [ã]

2 Écris ces nombres en lettres.

4 – 14 – 40 – 50 – 60.

3 Recopie les mots en complétant avec ai ou ain.

une m…son – dem… – du p… – angl…s
de l'…r pur – m…tenant – f…re – un poul…

4 Écris le nom de ces animaux.

La lettre a peut être associée à d'autres lettres.

a	→ a	[a]	un animal – un nuage – il trouva
a ‿ i	→ ai	[ɛ]	de l'air – une maison – il était
a ‿ i ‿ n	→ ain	[ɛ̃]	une main – soudain – du pain
a ‿ u	→ au	[o]	autour – chaud – autrement
a ‿ n	→ an	[ã]	dans – une chanson – avant
a ‿ m	→ am	[ã]	ma chambre – un lampadaire – la campagne

Tu peux aussi retrouver la lettre **A** pages 63 et 125.

Objectif : Reconnaître les verbes à l'impératif et comprendre l'emploi de l'impératif.

L'impératif

Observe

Fabrique un mobile

- Procure-toi du papier coloré, de la ficelle, 3 baguettes (1 grande et 2 petites).
- Réalise 4 papillons dans du papier coloré.
- Attache un papillon à l'extrémité de chaque petite baguette.
- Relie les petites baguettes à la grande.
- Place ton mobile au-dessus d'un radiateur ou dans un courant d'air.

Fabriquez un mobile

- Procurez-vous du papier coloré, de la ficelle, 3 baguettes (1 grande et 2 petites).
- Réalisez 4 papillons dans du papier coloré.
- Attachez un papillon à l'extrémité de chaque petite baguette.
- Reliez les petites baguettes à la grande.
- Placez votre mobile au-dessus d'un radiateur ou dans un courant d'air.

Lis ces deux notices de fabrication et trouve les différences.

1 **Recopie en mettant sur une même ligne ce qui va ensemble.**

il faut découper	pliez	ajoute
il faut plier	découpez	plie
il faut coller	collez	découpe
il faut ajouter	tendez	colle
il faut tendre	ajoutez	tends

2 **Recopie la liste des verbes, classe-les en deux catégories. Choisis une couleur pour chacune d'elle.**

fais	laissez	pelez	battez	décorez	mélangez
pose	remplis	épluche	remplissez	laisse	mélange
faites	décore	posez	bats	pèle	épluchez

Quand on donne des consignes, des ordres ou des conseils, on écrit différemment selon la personne à laquelle on s'adresse.

- **Si c'est un enfant, on écrit :** ***dessine, fais, tiens…***
- **Si c'est un adulte, on écrit :** ***dessinez, faites, tenez…***
- **Si on s'adresse à plusieurs personnes, on écrit :** ***dessinez, faites, tenez…***
- **Si on ne s'adresse à personne en particulier, comme dans une notice, un mode d'emploi ou un livre de recettes, on écrit :** ***dessiner, faire, tenir…***

Objectif : Savoir prendre des indices dans le texte afin de rétablir les informations implicites.

Les indices du texte

Observe

Lis ces questions avant de lire le texte de cette légende.

1. Quelle est la seule solution pour s'échapper du labyrinthe ?

2. Comment les ailes sont-elles faites ?

3. Pourquoi la cire fond-elle ?

Icare

Icare, un jeune homme, était prisonnier dans un labyrinthe.
Pour s'échapper, la seule solution était de passer par les airs.
Icare se fabriqua des ailes. Les plumes tenaient entre elles grâce à de la cire.
Icare réussit à s'envoler, mais il voulut voler très haut. Il s'approcha trop près du soleil, et la cire se mit à fondre. Le jeune homme tomba dans le vide.

• **Où se trouvent les réponses aux questions posées ?** •

1 **Explique où tu as regardé pour trouver les réponses. As-tu fait comme Julien ?**

Pour la question n° 1, Julien a repéré l'expression « pour s'échapper ».

Pour la question n° 2, Julien a cherché le mot « ailes », puis il a regardé la phrase qui commence par « les plumes ».

Pour la question n° 3, Julien a cherché « la cire fond parce que » mais il ne l'a pas trouvée. Il ne connaît donc pas la réponse. Et toi ?

2 **Imagine une autre solution que celle d'Icare pour s'évader du labyrinthe.**

Pour répondre à des questions, il faut lire attentivement le texte, on y trouve des indices :

- **un mot qui se trouve dans la question et dans le texte :** *la seule solution ;*
- **des mots qui ont un rapport avec la question :** *ailes – plumes.*

Parfois, on doit construire la réponse avec ce que l'on sait soi-même :
Le soleil chauffe très fort, sa chaleur fait fondre la cire qui tient les plumes entre elles.

Peut-on vivre

La Terre est entourée d'une couche d'air qui s'appelle l'atmosphère. C'est grâce à l'atmosphère que la vie est possible sur Terre : elle protège la surface de la Terre de certains rayons dangereux du Soleil, et elle permet aux êtres vivants de respirer.

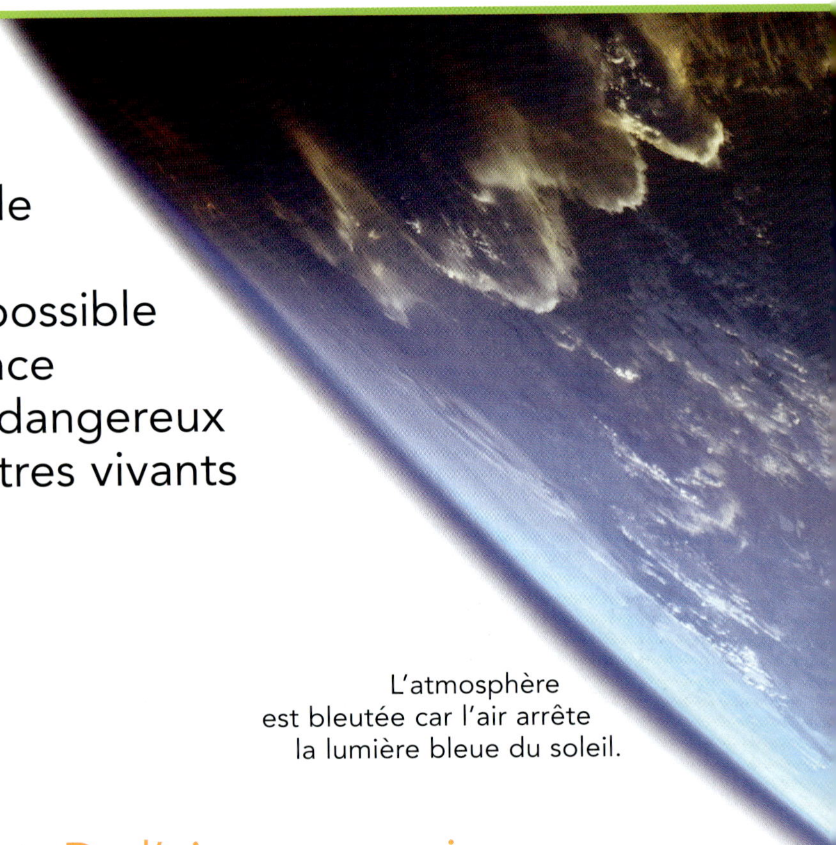

L'atmosphère est bleutée car l'air arrête la lumière bleue du soleil.

L'air, un gaz pour la vie !

S'il n'y avait pas d'air autour de la Terre, sa surface ressemblerait à celle de la Lune, qui est criblée de trous et poussiéreuse. Sans l'oxygène de l'air, les plantes, les hommes et les animaux ne pourraient pas vivre. Comme nous, les plantes et les animaux respirent.

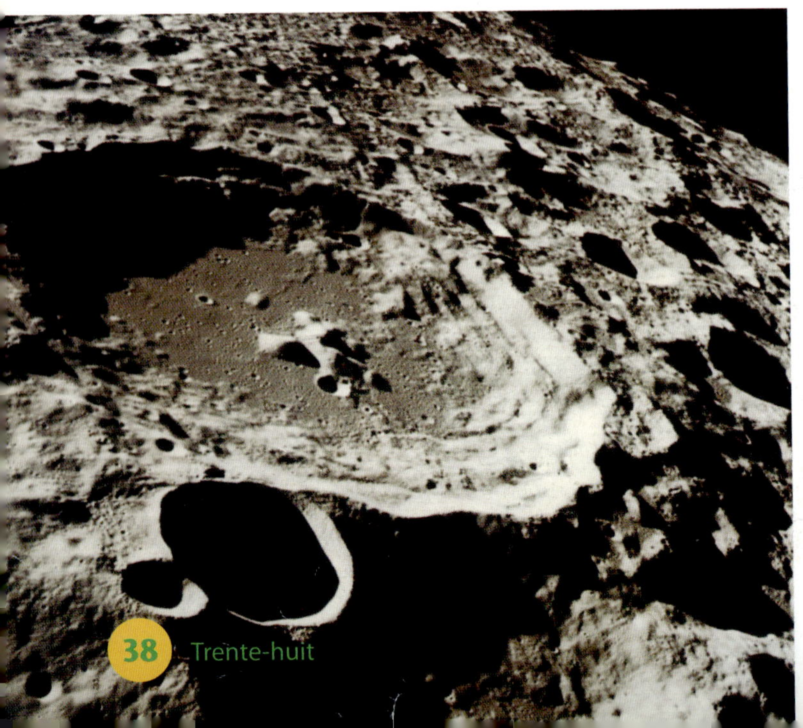

De l'air pour respirer

Sans nous en rendre compte, nous respirons plusieurs fois par minute. La respiration se fait par deux mouvements.

1. On inspire : on « prend » de l'oxygène. Notre sang transporte l'oxygène dans tout le corps.
2. On expire : on rejette un gaz, le dioxyde de carbone.

1. La cage thoracique se gonfle, l'air entre dans les poumons.

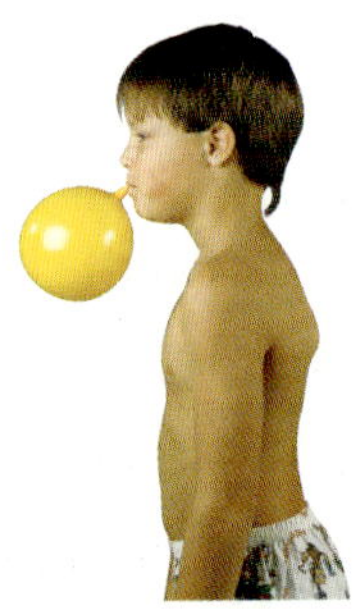

2. La cage thoracique se dégonfle, l'air sort des poumons.

sans air ?

▶ Respirer dans l'eau !

Nos poumons ne nous permettent pas de respirer dans l'eau : nous devons remonter à la surface pour respirer ou emporter de l'air dans des bouteilles.

Les marées

Jadis, il ventait sans arrêt sur l'île de Vancouver. Celle-ci ne connaissait ni beau temps ni marées basses. Les hommes décidèrent donc de tuer les vents.
Le vent d'Ouest fut capturé vivant.
Prisonnier des hommes, il promit de ne plus souffler sans répit et dit qu'il y aurait désormais un air doux et des brises légères et que les eaux s'éloigneraient du rivage deux fois par jour pour que l'on puisse pêcher des coquillages comestibles à marée basse.
On le laissa en vie.
Le vent d'Ouest a tenu parole.

Muriel Bloch
365 contes des pourquoi et des comment
Gallimard Jeunesse / Giboulées

Le sais-tu ?

Dans l'eau, les poissons respirent grâce à leurs branchies qui retiennent l'oxygène contenu dans l'eau.
Le dauphin a des poumons. Il remonte donc régulièrement à la surface de l'océan pour respirer.

Ateliers d'écriture

Atelier 1 : Fais des recherches auprès de tes camarades et des adultes puis écris tous les noms des vents que tu connais.

Atelier 2 : Écris comment fabriquer un cerf-volant en t'aidant d'un livre de travaux manuels.

Pour t'aider, relis attentivement la liste des consignes pour fabriquer un mobile à la page 36.

Atelier 3 : Lis le texte de Muriel Bloch et propose à ton tour un conte pour raconter l'histoire du vent qui souffle dans ta région.

Comment présenter une liste ?

Le moulinet

Observe

Matériel
- un carré découpé dans une feuille de papier
- une paire de ciseaux
- une épingle à tête
- une grosse perle
- un petit bâton

Réalisation

Respecte les étapes suivantes :

① Trace les diagonales du carré.
② Coupe sur chaque trait en t'arrêtant 1 cm avant le centre.
③ Replie une pointe sur deux vers le centre.
④ Pique les pointes repliées avec l'épingle.
⑤ Place la perle entre le moulinet et le bâton.
⑥ Plante l'épingle sur le bâton.

Observe la fiche de fabrication.

Recherche

Réponds aux questions.
- Quel objet propose-t-on de fabriquer ?
- Combien de grandes parties la fiche de fabrication comporte-t-elle ?
- Que veut dire le mot « Matériel » ?
- Combien d'étapes la fiche de fabrication comporte-t-elle ?
- Comment les listes intitulées « Matériel » et « Réalisation » sont-elles présentées ?

1 Rédige la liste des ingrédients en observant les illustrations. Écris les ingrédients les uns sous les autres avec un tiret.

La pâte à crêpes

Observe

Un jour, Éole, le dieu des vents décida de se reposer quelques heures et plus un souffle d'air ne traversa le ciel. Tout devint alors immobile : les bateaux à voiles, les ailes des moulins, les nuages, les feuilles des arbres, les hautes herbes, les vagues cessèrent de bouger.

Lis le texte.

Recherche

Réponds aux questions.

- Comment s'appelle le héros de cette histoire ? Qui est-il ?
- Quelle décision prend-il un jour ?
- Quels sont les éléments qui deviennent immobiles ?
- Comment la liste de ces éléments est-elle présentée ?

Atelier

- Comparez comment sont présentées les listes dans la fiche de fabrication et dans le texte.
- Faites la liste de vos activités préférées en présentant les mots comme dans une fiche de fabrication ou comme dans un texte.

une éolienne

2 **Complète le texte. Rédige une longue phrase avec la liste de tous les vêtements préparés par Élodie. Sépare chaque élément par une virgule.**

Élodie part demain en randonnée.
Elle a pensé à tout.
Dans son sac à dos,
elle a mis un pantalon,...

Dans une recette ou dans une fiche de fabrication, les choses sont présentées les unes sous les autres avec des puces ou des tirets. La liste est précédée d'un titre. Dans un texte, une liste est présentée en ligne. Les différentes choses sont alors séparées les unes des autres par une virgule.

Module 5

LE VIVANT

Qu'est-ce qu'un

Les êtres humains, les animaux et les plantes sont des êtres vivants. Tous les êtres vivants : le serpent, l'oiseau, la fleur, l'arbre, l'homme... passent par les mêmes grandes étapes de la vie. Ils naissent, ils se développent, ils se reproduisent et ils meurent.

Un chien affectueux !

▸ La naissance

Les petits se développent dans le ventre de la femelle (chez les mammifères) ou dans un œuf pondu à l'extérieur (comme chez le crocodile).

Le sais-tu ?

Les plantes sont aussi des êtres vivants. Comme toi, elles respirent, mais en plus, elles fabriquent de l'oxygène en utilisant l'énergie du soleil.

La naissance d'un bébé crocodile

être vivant ?

La transformation de la chenille en papillon

▸ Le développement

Les animaux, en grandissant, changent de taille et parfois de couleur. Certains se transforment et changent totalement de forme en devenant adulte. Par exemple, le têtard devient grenouille, la chenille devient papillon.
Pour grandir et pour vivre, les êtres vivants ont besoin de se nourrir.

▸ La reproduction

Le mâle et la femelle d'une même espèce s'associent pour donner naissance à un ou plusieurs petits.

Ces petits poissons ont servi de nourriture à ce macareux.

▸ La mort

La vie s'achève avec la vieillesse ou la maladie. Plantes et animaux meurent parfois en servant de nourriture à d'autres espèces.

les êtres humains

Les êtres humains constituent la grande famille des hommes, des femmes et des enfants vivant sur Terre.

Atelier

- Comment les animaux viennent-ils au monde ?
- Qu'est-ce que les plantes fabriquent en utilisant l'énergie du soleil ?
- Quelles sont les grandes étapes de la vie ?

Vocabulaire

Objectif : Utiliser des mots et des expressions pour formuler des comparaisons.

Plus, moins, autant, aussi...

Observe

La baleine bleue est le **plus gros** mammifère marin. Elle est **la plus** grande dévoreuse de crevettes et de petits poissons. Elle pèse **autant que** trente éléphants (150 tonnes).
L'animal **le plus** haut du monde est la girafe. Elle est **aussi** grande **qu**'un arbre.
Elle mesure un peu **moins** de six mètres. Elle peut repérer un homme à **plus** de 2 kilomètres.

Quels mots as-tu utilisé pour comparer ?

1 Écris le texte sur l'éléphant avec les mots plus ou moins.

- L'éléphant est ... lourd que la baleine bleue.
- Les éléphants, trop chassés, sont ... nombreux qu'autrefois.
- Un éléphant mâle est ... gros qu'un éléphant femelle.

2 Observe le dessin et invente des phrases avec les mots plus, moins ou aussi.

3 Dis la même chose d'une autre manière.

- Le zèbre est moins rapide que la lionne. La lionne est ...
- Le loup est aussi rusé que le renard. Le renard est ...
- Le chêne vit plus longtemps que le coquelicot. Le coquelicot vit ...
- Sophie est plus grande que Guillaume. Guillaume est ...

4 Regarde autour de toi et invente des phrases pour comparer les êtres vivants.

Exemple : Les arbres sont plus hauts que les fleurs...

Pour comparer les choses entre elles, on utilise les mots et les expressions :
plus, moins, le plus, le moins, plus que, moins que, autant que, aussi ... que.

Objectif : Repérer les différents statuts de la lettre I.

La lettre i

Observe

Six escargots gris

Couci
Couça
Couci
Six gros escargots gris
Ho hisse
Et hisse
et hue
Grimpaient sur une grue.
Arrivés tout en haut,
Ho hisse
Et hisse
Et ho
Les gros escargots las
Cahin
Cahin
Caha
Revinrent tout en bas
Couci
Couci
Couça.

Pierre Coran et Gabriel Lefebvre
Comptines pour ne pas zozoter – Casterman

À quel son la lettre i peut-elle correspondre ?

1 Écris ces nombres en lettres. Classe-les en deux familles.

6 – 10 – 50 – 8 – 5 – 1000 – 20.

2 Recopie et classe ces mots dans le tableau.

un lapin – un insecte – une clémentine – un requin – un dinosaure – une fouine – une pintade.

Je vois in	
J'entends le son [i]	J'entends le son [ɛ̃]

3 Écris les mots avec in ou im (devant p ou b).

un s...ge	un marcass...	...portant
...battable	un ch...panzé	un ours...
un pouss...	il gr...pe	un d...don

4 Recopie et complète les mots avec in, ion ou ien.

Attent... , un ch..., même b... nourri, garde ses ...stincts de chasseur. T...s-le b... en laisse pour qu'il n'arrive r... aux lap...s du vois... !

La lettre i peut être associée à d'autres lettres.

i	→	i	[i]	les animaux – vivant – grandir
i ‿ n	→	in	[ɛ̃]	un sapin – un dauphin – un pingouin
i ‿ m	→	im	[ɛ̃]	imbattable – chimpanzé – impatient
i ‿ e ‿ n	→	ien	[jɛ̃]	un chien – il devient – le mien
i ‿ e ‿ r	→	ier	[je]	un épervier – un bananier – le premier
i ‿ e ‿ u	→	ieu	[jø]	vieux – le milieu – curieux
i ‿ o ‿ n	→	ion	[jɔ̃]	un lion – la reproduction – un champion

La lettre I est aussi associée à d'autres lettres. Tu peux retrouver ces sons pages 35,53, 63, et 125.

Objectif : Repérer et utiliser différentes désignations pour un même animal.

Les substituts

Observe

Le lion

Le lion vit surtout en Afrique. Il habite dans la savane. Cet animal est un félin. Le pelage de ce fauve se confond facilement avec les grandes herbes sèches. Ce gros chat sauvage dort beaucoup : on le surnomme le roi fainéant. La lionne n'a pas de crinière. Elle est plus rapide à la course. C'est elle le meilleur chasseur. Mère attentive, elle nourrit et protège ses petits.

Que désignent les mots écrits en vert ?

1 Recopie tous les mots employés pour parler du lion.

2 Recopie la liste et entoure les mots qui parlent de la lionne.

ce fauve / elle / il / cet animal / ce gros chat sauvage
mère attentive / le roi fainéant / le meilleur chasseur.

3 Recopie et relie.

Il dort beaucoup. •	• bon chasseur
Elle nourrit ses petits. •	• roi des animaux
Elle poursuit ses proies. •	• mère nourricière
Il règne sur la savane. •	• gros dormeur

4 Recherche, avec ta classe, des mots variés pour désigner le loup. Fais deux listes.

Liste 1 : dans les contes — **Liste 2 :** dans les documentaires

Pour parler du même animal, je peux employer :
- **le petit mot il ;**
- **des mots qui ont un rapport avec son portrait : *fauve, gros chat...* ;**
- **des mots qui parlent de ses qualités : *bonne mère, meilleur chasseur...* ;**
- **d'autres mots qui le caractérisent : *roi fainéant*.**

Les pronoms

Observe

Les petits ressemblent souvent à leurs parents, mais parfois **ils** sont très différents.
Le têtard n'est d'abord qu'un minuscule point noir. **Il** devient ensuite une jolie grenouille.
La chenille se prépare dans son cocon. **Elle** se change un jour en papillon.
Les larves de libellule passent plusieurs années dans l'eau.
Puis, **elles** se transforment en insectes aux grandes ailes transparentes.

Repère ce qui est associé à chaque pronom : ils, il, elle, elles.

1 Recopie et relie.

Les petits •	• ils
Le têtard •	• elles
La chenille •	• il
Les larves •	• elle

2 Remplace les mots de chaque étiquette par il, ils, elle ou elles et écris les phrases.

[Le hérisson] se promène la nuit.
[La chouette] voit clair le jour et la nuit.
[L'escargot] pond des oeufs.
[Les fleurs] se fanent.
[Les plantes] poussent.
[L'arbre] tombe.

3 Recopie et complète avec il ou ils.

... court ... nage ... avancent ... se reproduisent ... hibernent ... grandissent ... naît ... se transforme ... viennent ... meurent

4 Écris ce que le petit mot il ou elle a pu remplacer. Compare ta réponse avec celle de ton voisin.

a) Il vole très haut dans le ciel.
b) Elle a besoin d'eau pour grandir.
c) Il pond des œufs.
d) Elle protège ses petits.
e) Elle devient papillon.
f) Il chasse la nuit.

On voit souvent les petits mots il, ils, elle et elles dans les textes.
Ce sont des pronoms. Ils servent à remplacer des mots déjà utilisés dans le texte :
*le têtard → **il** ; les petits → **ils** ; la chenille → **elle** ; les larves → **elles**.*

Comment vivent

Les animaux se déplacent pour chercher de la nourriture, se protéger de la chaleur ou du froid, fuir un danger, défendre leur territoire ou se reproduire. Ils n'ont pas tous la même façon de se nourrir. Certains mangent des plantes, d'autres des animaux ou encore, les deux à la fois.

Le serpent guette sa proie.

Comment les animaux se déplacent-ils ?

▶ Sur terre

Avec leurs six pattes, les insectes marchent ou courent.
Avec leurs quatre pattes, les chevaux marchent, trottent ou galopent.
Sur ses deux pattes arrière, le kangourou bondit.
Et ceux qui n'ont pas de pattes, comme le serpent ou l'escargot, rampent sur le sol.

▶ Dans l'air

Certains animaux (oiseaux, insectes) utilisent leurs ailes pour voler ou planer.

L'aigle plane.

▶ Dans l'eau

Les poissons se servent de leur queue et de leurs nageoires pour avancer et se diriger.
Dauphins et baleines nagent sous l'eau, mais viennent respirer à la surface.

Le poisson ondule ses jolies nageoires.

les animaux ?

Comment les animaux se nourrissent-ils ?

Les carnivores

Ce sont des animaux qui mangent de la viande comme le lion, le python ou le requin. Les carnivores chassent des proies pour se nourrir.

Les végétariens

Certains animaux,comme l'éléphant, se nourrissent uniquement de plantes.
Leur menu se compose de feuilles, de fruits, d'écorces et de racines.

Les omnivores

Le renard ou la chouette mangent de tout : parfois des plantes, parfois de petits animaux suivant la saison ou ce qu'ils trouvent.

Le sais-tu ?

Le régime alimentaire ne dépend pas de la taille. L'hippopotame, l'éléphant, le gorille sont végétariens. Méfie-toi du piranha : ce petit poisson est un redoutable carnivore.

Une louve imbattable à la chasse

Tout à coup, elle s'arrêtait, truffe au vent, et elle disait : « Là… souris de prairie !
– Où çà, là ?
– Là-bas ! »
Elle montrait un endroit précis, trois cent mètres devant. On y allait. Et on trouvait une famille de mulots à dos rouge, dodus comme des perdrix. Sous terre.
Les rouquins n'en revenaient pas.
« Comment t'as deviné ? »
Elle répondait : « Le nez. »

Daniel Pennac
L'œil du loup
Coll. Pleine Lune – Nathan Jeunesse

une proie
Un animal qui est chassé par un autre pour être mangé.

Ateliers d'écriture

Atelier 1 : Fais la liste de tes animaux préférés avec pour titre : les animaux que j'aime le plus.
Explique pourquoi tu les aimes.

Atelier 2 : Écris un texte sur un animal. Utilise des mots variés pour le désigner.
Pense à utiliser les pronoms : il, ils, elle, elles.
Tu peux aussi trouver de l'aide en pages 58 et 59.

Module 6
LE VIVANT

Quels animaux

Le règne animal comporte des animaux très différents. Pour les classer, regarde s'ils ont des plumes ou des poils, s'ils ont des pattes, si leur corps est protégé par des écailles ou par une carapace, s'ils nagent ou s'ils volent…

▶ Les vertébrés

Si un animal a un squelette (os ou arête) avec une colonne vertébrale, c'est un vertébré.
Les mammifères, mais aussi les poissons, les oiseaux, les reptiles et les amphibiens sont tous des vertébrés !

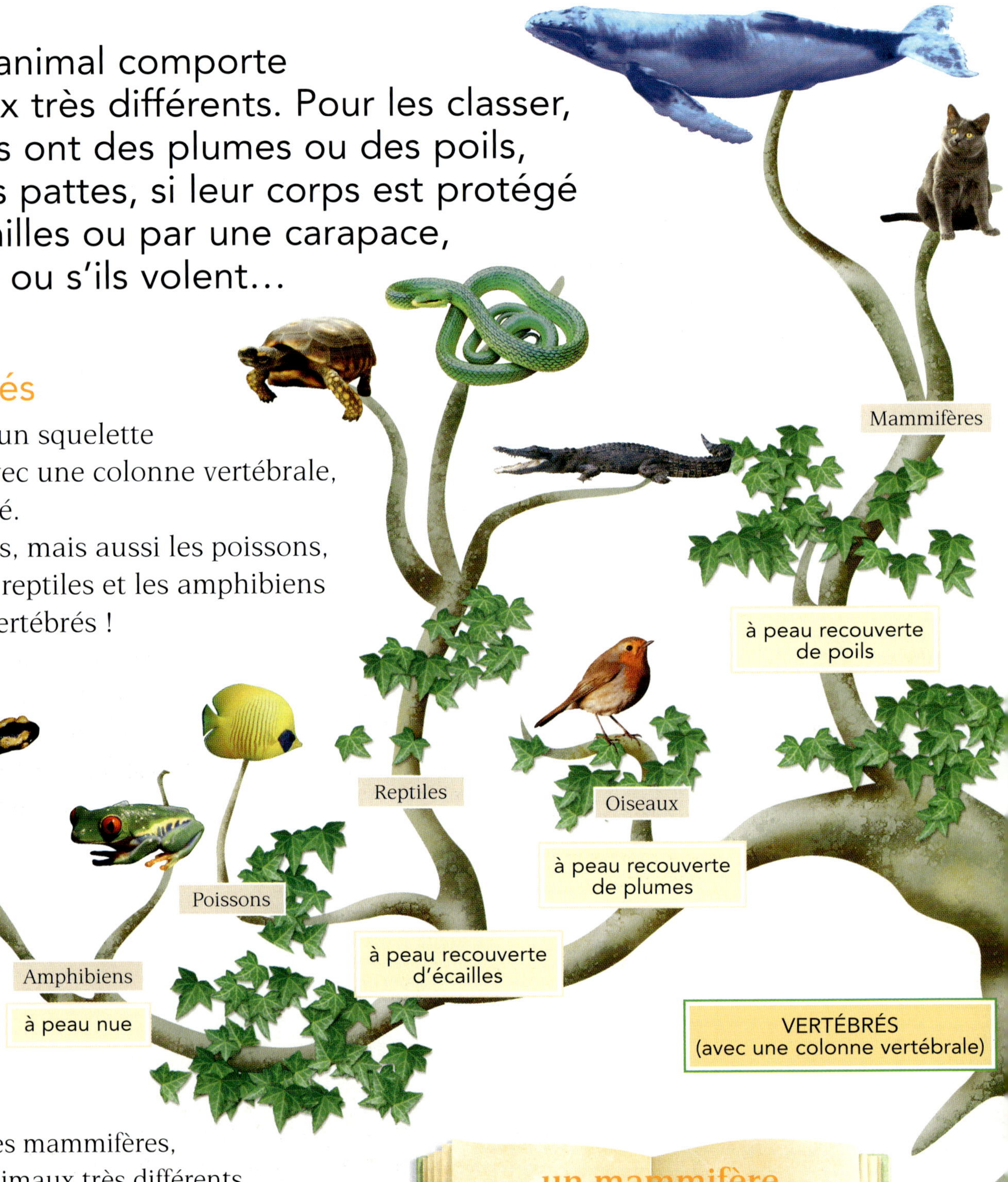

Le sais-tu ?
Dans la classe des mammifères, on trouve des animaux très différents. L'ours, la baleine, le chat, le rhinocéros, le singe et la chauve-souris sont tous des mammifères !

un mammifère
Un animal vertébré, dont la femelle met au monde des petits déjà formés qu'elle allaite avec le lait de ses mamelles.

vont ensemble ?

▸ Les invertébrés

De nombreux êtres vivants n'ont pas de colonne vertébrale : ce sont des invertébrés. Les éponges, les vers, les mollusques, les crustacés, les araignées, les insectes sont tous des invertébrés.

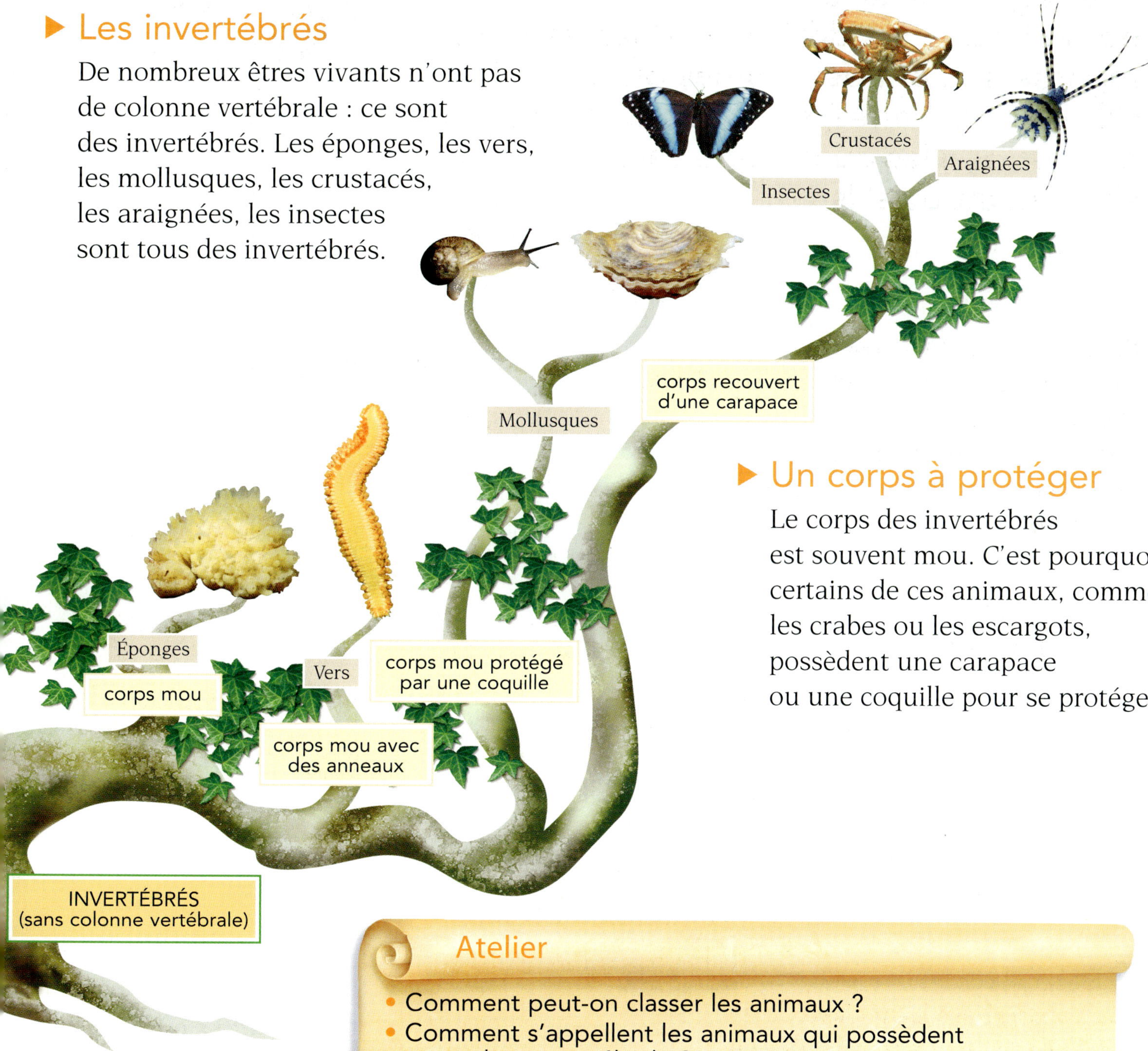

▸ Un corps à protéger

Le corps des invertébrés est souvent mou. C'est pourquoi certains de ces animaux, comme les crabes ou les escargots, possèdent une carapace ou une coquille pour se protéger.

Atelier

- Comment peut-on classer les animaux ?
- Comment s'appellent les animaux qui possèdent une colonne vertébrale ?
- Pourquoi les insectes et les vers sont-ils classés ensemble ?
- Pourquoi certains animaux ont-ils une carapace ?

Objectif : Savoir rassembler des mots par champ sémantique. Classer des mots selon le sens.

Les mots-étiquettes

Observe

un brochet

un machaon

un toucan

• Nomme les animaux que tu vois sur ces images. •

1 Recopie et relie.

Nom de l'animal		Mot-étiquette
Le brochet est •		• un oiseau
Le machaon est •		• un poisson
Le toucan est •		• un papillon

2 Retrouve et écris l'intrus de chaque liste.

1. **Insectes** → une mouche - une abeille - un pigeon - un scarabée - une coccinelle

2. **Oiseaux** → une hirondelle - une cigogne - une autruche - un pinson - une libellule

3. **Poissons** → un saumon - un hareng - une salamandre - une sardine - une truite

4. **Reptiles** → un serpent - une grenouille - une couleuvre - un cobra - un lézard

3 Écris le mot-étiquette qui convient pour chaque liste.

Liste 1 → canard / coq / poussin / oie / pintade / dindon : ce sont des …

Liste 2 → diplodocus / tyrannosaure / stégosaure / iguanodon : ce sont des …

Liste 3 → chat / homme / gazelle / lapin / souris : ce sont des …

4 Copie l'explication de ce qu'est un mammifère en utilisant les mots : maman - lait - poils - terre - baleine.

- Le corps d'un mammifère est couvert de … ou de fourrure pour lui tenir chaud.
- Les bébés mammifères se nourrissent du … de leur … .
- La plupart vivent sur la … ferme, mais certains, comme la …, vivent dans l'eau.

Les mots-étiquettes regroupent des mots de la même famille :
*Une mésange, un rossignol, une pie sont des **oiseaux**.*
*Une vache, un mouton, une baleine, un gorille sont des **mammifères**.*
*Un sapin, un chêne, un pommier sont des **arbres**.*

Objectif : Reconnaître des phonèmes associant la lettre O à d'autres lettres.

La lettre o

Observe

L'autruche téléphone
À la cigogne :
« Livrez-moi, demain, un bébé. »
« Oh ! mais c'est que je suis débordée !
Dit la cigogne à l'autruche,
Adressez-vous plutôt à la ruche,
Les abeilles font des merveilles. »

Jack-Alain Léger – *Zoo...O...O...O...OH !*
Éditions Universitaires/ Jean-Pierre Delarge

Lis la poésie. Trouve tous les mots où tu vois la lettre o et classe-les en plusieurs familles.

1 Recopie et complète le texte avec ou, on et oi.

- T...s les animaux ne viennent pas au m...de de la même faç... .
- Les ...seaux p...dent des œufs.
- Certains p...ssons v...t pondre leurs œufs à l'endr...t où ils s...t nés, comme les saum...s qui rem...tent les rivières.

2 Recopie et classe ces mots dans la bonne colonne.

un moineau — une oie — un coin
moins — un oiseau — le foin
un poisson — lointain — un loir

J'entends [wa]	J'entends [wɛ̃]

3 Trouve et recopie les noms des oiseaux qui contiennent le son [u].

o	→	o	[o]	la forêt – carnivore – galoper
o ‿ n	→	on	[ɔ̃]	le hérisson – le monde – pondre
o ‿ m	→	om	[ɔ̃]	un nombre – une colombe – une trompe
o ‿ u	→	ou	[u]	le loup – se nourrir – un ours
o ‿ i	→	oi	[wa]	une proie – un moineau – une histoire
o ‿ i ‿ n	→	oin	[wɛ̃]	loin – pointu – moins
o ‿ u ‿ i	→	oui	[w]	un ouistiti – enfouir – une fouine

La lettre **O** est aussi associée à d'autres sons. Tu peux la retrouver page 125.

Objectif : Savoir identifier les marques de pluriel. Commencer à appliquer les règles d'accord en nombre.

Singulier et pluriel

Observe

Le rapace dort le jour.
Une chouette chasse la nuit.
Un mulot fera un bon repas.
L'aigle a de longues serres.

Les rapaces dorment le jour.
Des chouettes chassent la nuit.
Plusieurs mulots feront un bon repas.
Les aigles ont de longues serres.

• **Lis deux textes et trouve les différences.** •

1 Écris chaque mot ou groupe de mots au pluriel.

- le chien
- la femelle
- l'oisillon
- l'animal
- un rapace nocturne
- un nid perché
- un chat sauvage
- un oiseau noir

2 Retrouve les phrases et recopie.

L'oiseau •
Les oiseaux •

- ont un corps couvert de plumes.
- possède un bec.
- peuvent capturer des insectes.
- fait un nid.
- pondent des œufs.

3 Choisis le groupe de mots qui va avec le verbe en rouge et recopie les phrases.

Le lion / Le lion et la panthère **sont** des félins.
La baleine / La baleine et le dauphin **est** un mammifère marin.
De l'eau / De l'eau et de la nourriture **sont** à l'intérieur de l'œuf.
La femelle / Le mâle et la femelle **nourrissent** leurs petits.

Un mot est au **singulier** quand il désigne **une seule chose**. Il est au **pluriel** quand il désigne **plusieurs choses**.
Au pluriel, on ajoute un **s** (ou un **x**) à la fin des noms.
On change aussi le déterminant : **un, une → des ; le, la, l' → les.**
Le petit mot **et** relie deux choses : *Le crapaud **et** la grenouille **sont** au bord de l'étang.*

Avoir ou être ?

Observe

Les guêpes

La guêpe **est** un insecte. Elle **a** un corps jaune et noir.
Les guêpes **sont** incapables de survivre seules,
elles **sont** dépendantes les une des autres. Elles **ont** pour abri un nid qui peut comporter plus de 8 000 individus.
La reine **est** la seule à pondre des œufs.
Chaque œuf **a** sa place dans une alvéole.
Certaines guêpes **sont** chargées de nourrir la reine.

Classe les mots écrits en bleu en deux familles.

1 Écris au singulier : ont → a.

- Les tortues **ont** pondu des œufs dans le sable. → La tortue … pondu des œufs dans le sable.
- Les mammifères **ont** des mamelles. → Le mammifère … des mamelles.
- Les kangourous **ont** une poche ventrale. → Le kangourou … une poche ventrale.

2 Écris au pluriel : est → sont.

- Le nid **est** fait de mousse et de plumes. → Les nids … faits de mousse et de plumes.
- L'oisillon **est** le petit de l'oiseau. → Les oisillons … les petits de l'oiseau.
- Quand il **est** assez fort, le poussin brise sa coquille. → Quand ils … assez forts, les poussins brisent leur coquille.

3 Recopie et complète avec ont ou sont.

- Les bébés crocodiles … assez forts pour casser leur œuf. Ils … hâte de sortir.
- Les escargots … un corps mou. Quand ils … petits, leur coquille est transparente.
- Les crabes … dix pattes. Ils … protégés par une belle carapace.

Pour repérer et ne pas confondre ils ont (verbe avoir) et ils sont (verbe être), il faut transformer la phrase au singulier :

- **Si je dis : *il a*, c'est le verbe avoir.**
- **Si je dis : *il est*, c'est le verbe être.**

À qui sont ces

Sais-tu comment les bébés animaux viennent au monde ? Les animaux ne se reproduisent pas de la même manière selon qu'ils sont des mammifères, des oiseaux ou des poissons. Cependant, il faut toujours un mâle et une femelle pour que des petits viennent au monde.

Le petit poulain se met tout de suite debout.

Chez les mammifères

Un cheval et une jument s'accouplent. L'un des spermatozoïdes du cheval féconde un ovule de la jument. Le petit poulain grandit dans le ventre de sa mère. Après la naissance, il se nourrit du lait de sa mère. Les autres mammifères agissent de la même manière.

La maman kangourou transporte son bébé dans une poche ventrale.

Le sais-tu ?

Chez les hippocampes, la femelle dépose ses œufs dans la poche ventrale du mâle. C'est donc dans le ventre du papa que les œufs se développent !

se reproduire
Avoir des petits.

un spermatozoïde
Une cellule mâle qui s'unit à une cellule femelle (l'ovule) pour donner un nouvel individu.

petits ?

▶ Chez les oiseaux

Le canard, par exemple, s'accouple avec la cane. Elle pond ensuite des œufs. Pendant trois semaines, elle les couve : elle se couche dessus pour les tenir bien au chaud.
À la naissance, le caneton brise la coquille : c'est l'éclosion de l'œuf.

Caneton sortant d'un œuf

Le papa manchot réchauffe son petit contre lui.

Le pélican

Le capitaine Jonathan,
Étant âgé de dix-huit ans,
Capture un jour un pélican
Dans une île d'Extrême-Orient.

Le pélican de Jonathan,
Au matin, pond un œuf tout blanc
Et il en sort un pélican
Lui ressemblant étonnamment.

Et ce deuxième pélican
Pond, à son tour, un œuf
tout blanc…

Robert Desnos
Chantefables et Chantefleurs
Éditions Gründ

▶ Chez les poissons

Les poissons ne s'accouplent pas. La femelle pond des œufs que le mâle féconde en les recouvrant de spermatozoïdes. Les petits poissons commencent à se développer dans l'œuf. Comme pour les oiseaux, la naissance correspond à l'éclosion.

Ateliers d'écriture

Atelier 1 : Invente une petite comptine avec des noms d'animaux et de leurs petits.
Atelier 2 : Raconte la vie d'un animal : sa naissance, sa vie de « bébé », d'enfant et sa vie d'adulte.
Atelier 3 : Observe le texte du pélican et propose une petite histoire drôle qui utilise le son ou.

Comment sont présentées les idées dans un texte ?

Le renard

Observe

Le renard est un animal très répandu en Europe.
C'est un habitant de la forêt. Il vit en solitaire dans sa tanière.

Le renard a une fourrure rousse ; elle est plus claire sur la poitrine. Il a une longue queue touffue, un museau pointu, des oreilles dressées. Ses pattes sont noires.

Le renard est omnivore. Sa nourriture habituelle se compose de petits rongeurs ou d'oiseaux. Il mange aussi des lièvres, des lapins, des insectes, des fruits de la forêt, des charognes et même... des déchets. La nuit, il s'approche souvent des villages ou des fermes où il peut trouver des poules.

- **Lis le texte.**

Recherche

Lis le texte et réponds aux questions suivantes :

- En combien de parties le texte est-il présenté ?
- Qu'est-ce qui te le fait comprendre ?
- De quoi parle-t-on dans chacune des parties ?

Atelier

- Cherchez dans un livre documentaire un texte qui présente un animal que vous aimez.
- Recopiez soigneusement les informations qui peuvent entrer dans ces trois rubriques : son portrait, sa nourriture, son habitat.
- Faites un ou deux dessins pour illustrer votre texte.

1 **Recopie et relie.**

Partie 1 du texte	Que mange le renard ?	Son habitat
Partie 2 du texte	À quoi ressemble le renard ?	Sa nourriture
Partie 3 du texte	Où trouve-t-on des renards ?	Son portrait

2 **Copie les mots qui correspondent au titre de chaque liste.**

Portrait : queue touffue, solitaire, habitant de la forêt, fourrure rousse, museau pointu.
Nourriture : petits rongeurs, poules, fruits, oreilles dressées, déchets, insectes.
Habitat : la forêt, la tanière, ses pattes noires, fourrure plus claire sur la poitrine, le monde entier.

3 **Complète la carte d'identité de l'écureuil.**

Portrait	L'écureuil est un petit animal. Il a … Sa fourrure est …
Nourriture	L'écureuil se nourrit …
Habitat	L'écureuil vit …

Un texte est divisé en parties : un espace sépare les blocs de texte.
On appelle ces blocs des paragraphes.
Chaque paragraphe parle d'un sujet différent.
Quand tu écris un texte, ne mélange pas tous les sujets. Pense à regrouper les informations qui appartiennent à la même famille et à faire des séparations.

Module 7 — LE TEMPS

Qu'est-ce

Les jours, les semaines et les mois passent, et une année s'écoule. L'an prochain, tu seras au CE2. Au fait, c'est dans combien de temps ?

L'année civile

Une année dure 365 jours. C'est le temps que notre planète, la Terre, met pour faire un tour complet autour du Soleil.
L'année civile est divisée en 12 mois de 30 ou 31 jours (28 ou 29 jours en février).
Elle commence le 1er janvier et se termine le 31 décembre.

Le sais-tu ?

La Terre met exactement 365 jours et environ 6 heures pour faire un tour complet autour du Soleil.
C'est pour cela que tous les quatre ans, on « ajoute » 24 heures (un jour) de plus !

L'année bissextile

Les années bissextiles, qui reviennent tous les quatre ans, comptent 366 jours : le mois de février a alors 29 jours.

qu'une année ?

L'année scolaire

Cette année, tu es en CE1. Tu passeras ta prochaine année scolaire au CE2.
L'année scolaire est le temps passé en classe : de la rentrée (fin août) jusqu'aux grandes vacances d'été (en juillet). Une année scolaire est donc « à cheval » sur deux années civiles.

scolaire

Le mot « scolaire » vient du mot latin *scola* qui veut dire « école ».

À la rentrée, une nouvelle année scolaire commence.

L'anniversaire

Entre deux anniversaires, tu dois patienter un an. Ta date de naissance détermine la date de ton anniversaire et l'âge que tu as.

L'anniversaire est une fête qui te plaît beaucoup ! Mais elle n'arrive qu'une fois par an…

Atelier

- Quelle est la durée d'une année ?
- Qu'est-ce qu'une année scolaire ? Qu'est-ce qu'une année civile ?
- Quand fête-t-on le nouvel an ?
- Pourquoi ne fête-t-on pas son anniversaire plus souvent ?
- Combien de jours compte une année bissextile ?

Vocabulaire

Objectif : Savoir repérer les mots qui marquent le temps. Identifier les enchaînements logiques d'un texte.

Situer des événements dans le temps

Observe

Mon frère et moi, on a un secret

Notre petit « jeu » a commencé par hasard, un mardi soir. Comme tous les mardis, nous étions en visite avec maman chez sa vieille tante. [...] On attendait avec impatience le moment où, enfin, on allait partir. Ricou dessinait avec ses crayons de couleur d'école. Moi, je lisais pour la quatrième fois seulement la même BD. Tout à coup, mon frère, en cherchant son taille-crayon, a retiré de son sac un vieil autocollant. Il m'a d'abord regardée. Ensuite, il a regardé maman et tatie. Puis, il a plongé ses yeux dans les miens et ... l'air de rien, il a collé l'autocollant sous la table de la salle à manger ! [...] Depuis, tous les mardis, on pose des autocollants chez tatie Soizic.

Laurence Gillot – *Les Autocollants* – Le Livre de Poche Jeunesse

Repère toutes les expressions du texte qui racontent quand les actions se passent.

1 Recopie l'histoire en remettant les phrases dans l'ordre.

- Tout à coup, le garçon sort un vieil autocollant de son sac.
- Un mardi soir, les enfants s'ennuient chez tatie Soizic.
- Depuis, tous les mardis, les enfants collent de nouveaux autocollants.
- Il décide alors de coller l'autocollant sous la table de la salle à manger.

2 Recopie et complète les phrases avec : aujourd'hui, hier, demain.

..., mercredi 3 février, ce sera mon anniversaire.
..., lundi, j'ai donné une carte d'invitation à mes meilleurs amis.
..., mardi, je prépare de la glace au caramel pour demain.

3 Recopie chaque phrase avec les mots qui conviennent.

Il faut se coucher tôt pour être en forme **la veille** / **le lendemain** .
Pour gagner du temps le matin, je prépare mes vêtements **la veille** / **le jour même** .
J'ai perdu mon bonnet, je me demande où je l'ai posé **hier après-midi** / **demain soir** .

Pour dire quand les actions se passent, on utilise des mots qui indiquent :
- **des jours et des dates :** *tous les mardis, mercredi 3 février ;*
- **des moments :** *hier, aujourd'hui, demain, l'après-midi, en début de soirée...*

On peut comprendre l'ordre des événements grâce aux mots : *tout à coup, ensuite, puis...*

Objectif : Repérer les différents statuts de la lettre E.

La lettre e (1)

Observe

Chanson de l'heure qu'il est

Monsieur, Monsieur, s'il vous plaît,
Dites-nous quelle heure il est !
Il est, ma petite fille,
L'heure où l'escargot s'habille.

Il est, mon petit garçon,
L'heure où sort le limaçon,
L'heure étrange et solennelle
Où chantent les coccinelles,
Où la puce et ses enfants
Vont dîner chez l'éléphant ;
Il est l'heure où la panthère
Épouse un coléoptère,
L'heure où tout peut arriver…
Où je dors… où vous rêvez…

Jean-Luc Moreau – *Poèmes de la souris verte* – Livre de Poche Jeunesse

Classe les mots de cette poésie où tu vois la lettre e en plusieurs catégories.

1 Classe ces mots en deux catégories.

septembre	une seconde	un menu	merci	l'anniversaire	une enveloppe
extraordinaire	le repas	on reste	demain	un cauchemar	hier

J'entends [ə] comme dans cheval	J'entends [ɛ] comme dans coccinelle

2 Conjugue comme sur le modèle : regarder – vous regardez ; prendre – vous prenez.

dessiner – vous dessin…
écouter – vous écout …
attendre – vous attend…
apprendre – vous appren…
terminer – vous termin…
comprendre – vous compren…

3 Complète avec er, e ou eu et recopie la phrase.

L… dimanche matin, on p…t prendre un bon p…tit déj…ner sans s… press… .

é	→ é	[e]	une année – décembre – la rentrée
è	→ è	[ɛ]	une planète – un après-midi
e	→ e	[ə]	une semaine – le repas – une mesure
e	→ e	[ɛ]	une coccinelle – une découverte – extraordinaire
e ‿ s	→ es	[ɛ]	il est – les jours – mes amis – ces livres
e ‿ r	→ er	[e]	passer – regarder – le dîner
e ‿ z	→ ez	[e]	vous rêvez – attendez – le nez
e ‿ u	→ eu	[œ]	deux – un peu – jeudi

Tu peux aussi retrouver la lettre **E** à la page 71.

Objectif : Identifier et comprendre l'usage des variations des verbes pour indiquer des repères de temps.

Présent, passé et futur

Observe

Ce matin, ma sœur m'**a acheté** des baskets rouges.
J'**essaie** mes nouvelles chaussures. Elles ne me **vont** pas. Elles **sont** trop petites.
Cet après-midi, nous **retournerons** au magasin pour les changer.

Lis le texte et observe bien les verbes écrits en rouge. Indique à quel mot on peut les associer.

avant —— maintenant —— plus tard →

1 Recopie les verbes de ces phrases en les classant en trois catégories.

La semaine prochaine, mon père **partira** à Londres. – Cette année je **suis** au CE1.
Hier, il **a plu** toute la journée. – L'été prochain, nous **irons** en Bretagne.
Je **lis** l'album que tu m'**as prêté**. – Je te le **rendrai** demain soir.

Ce qui s'est passé **avant**	Ce qui se passe **maintenant**	Ce qui se passera **plus tard**

2 Recopie les phrases en choisissant le verbe qui convient.

Aujourd'hui, Valentin **fréquente** / **a fréquenté** la même école que moi.
Nous ferons des mathématiques et ensuite nous **sommes allés** / **irons** au gymnase.
Je joue avec le ballon que j' **ai reçu** / je **reçois** comme cadeau d'anniversaire.
Comme il **a neigé** / **neigera** on ne voit plus le chemin.

3 Recopie les phrases et complète en changeant le temps du verbe : présent → futur.

En ce moment, il **regarde** un film. → Ce soir, il … un film.
Maintenant, nous **écrivons** dans notre cahier. → Tout à l'heure, nous … dans notre cahier.
À présent, je **parle** anglais. → Au cours moyen, je … anglais.

On dit que le verbe **se conjugue** quand il **change de forme**.
Sa terminaison change selon la personne :
Il part, nous partons, vous partez, ils partent…
Sa terminaison change aussi selon le **moment** auquel l'action se passe :
- **le passé** : *il **est parti**, j'**ai mangé**, tu **es venu**…*
- **le présent** : *il part, je mange, tu viens…*
- **le futur** : *il partira, je mangerai, tu viendras…*

Objectif : Comprendre l'usage de la négation et savoir utiliser les mots qui marquent la négation.

Les phrases négatives (1)

Observe

Lundi dernier, à dix heures du matin, maman dit à Félix et à Mini :
« Mamie veut que je l'emmène faire des courses au supermarché. Vous venez avec nous ? »
Mini, elle a horreur des supermarchés et ça **ne** l'amuse **pas** du tout de faire les courses. [...]
(Félix, lui, veut bien les accompagner à condition de s'acheter des tas de choses.)
Maman s'écria :
« Arrête, s'il te plaît ! Ce **n'**est **ni** Noël **ni** ton anniversaire, que je sache ! » [...]
« **Ne** restez **pas** trop longtemps ! » dit Mini à sa mère, car elle **n'**aime **pas** tellement rester seule à la maison...

Christine Nöstlinger – *Mini s'occupe de tout* – Hachette Jeunesse

Lis le texte et trouve à quoi servent les mots écrits en bleu.

1 Écris une phrase pour dire le contraire : emploie les mots ne (ou n') et pas.

Ça l'amuse de faire les courses. → ...
C'est Noël. → ...
C'est ton anniversaire. → ...
Mini aime rester seule à la maison. → ...
Félix accompagne sa mère. → ...

2 Réponds aux questions en écrivant une phrase négative (commence par Non, ...).

- As-tu 9 ans ?
- Viendras-tu lundi ?
- As-tu regardé le film hier soir ?
- Es-tu en vacances la semaine prochaine ?
- Vas-tu à la piscine le dimanche matin ?

3 Transforme et recopie chaque phrase comme dans le modèle.

Il n'a pas faim. Il n'a pas sommeil. → Il n'a ni faim ni sommeil.
Il n'a pas de chat. Il n'a pas de chien. → ...
Elle n'a pas de frère. Elle n'a pas de sœur. → ...
Yann n'a pas de télévision. Yann n'a pas de magnétoscope. → ...
Je ne suis pas là lundi. Je ne suis pas là mardi. → ...

Une phrase négative permet de répondre non à une question.
Non, je ne viens pas avec vous.
Une phrase négative comporte des petits mots qui sont placés de chaque côté du verbe.
*Elle **n'**aime **pas** rester seule à la maison.*
***Ne** restez **pas** trop longtemps.*
*Jean **n'**a **ni** agenda, **ni** cahier de textes.*

Avec quels outils

Les hommes ont toujours cherché à se repérer dans le temps : ils ont observé la nature, la position des astres, la succession des jours et des nuits. Les calendriers sont le résultat de ces observations.

NOVEMBRE			
6 h 38 à 16 h 31			
1	M	TOUSSAINT	
2	M	**Trépassés**	●
3	J	Hubert	
4	V	Charles	
5	S	Sylvie	
6	**D**	Léonard	
7	L	Carine	**45**
8	M	Geoffroy	
9	M	Théodore	☽
10	J	Léon	
11	V	ARMISTICE 1918	
12	S	Christian	
13	**D**	Brice	
14	L	Sidoine	**46**
15	M	Albert	
16	M	Marguerite	○
17	J	Elisabeth	
18	V	Aude	
19	S	Tanguy	
20	**D**	**Christ Roi**	
21	L	Prés. de Marie	**47**
22	M	Cécile	
23	M	Clément	☾
24	J	Flora	
25	V	Cath. Labouré	
26	S	Delphine	
27	**D**	**Avent**	
28	L	Jacques de la M.	**48**
29	M	Saturnin	
30	M	André	

En 2005, le 1er novembre est un mardi, c'est la Toussaint. Le 11 novembre, c'est l'Armistice de la guerre 1914 – 1918. La fête des Clément est le 23 novembre.

Le calendrier

Un calendrier indique les mois et les jours de l'année sous la forme d'un tableau. À chaque nouvelle année correspond un nouveau calendrier. Un calendrier indique les congés scolaires, les jours fériés, et souvent les fêtes. Parfois, le calendrier montre les différentes phases de la Lune.

Le mois de novembre dans un calendrier du Moyen Âge

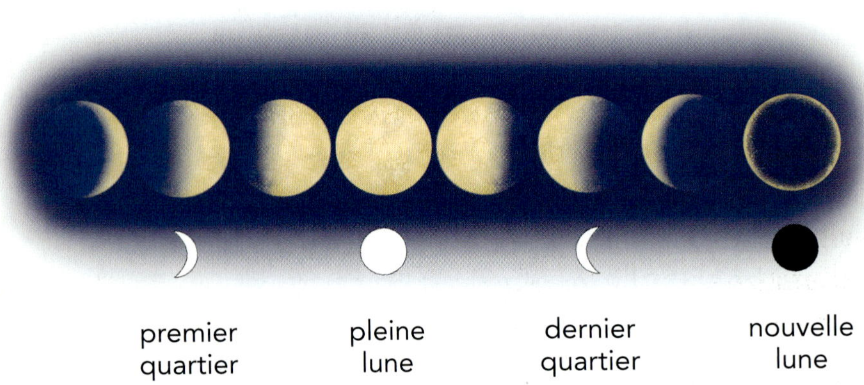

les phases de la Lune

Ce sont les positions de la Lune par rapport à la Terre et au Soleil.

Le sais-tu ?

Le calendrier musulman est basé sur le mouvement de la Lune, qui fait 12 tours de la Terre en une année. Les mois lunaires ont alternativement 29 ou 30 jours.

décrire le temps ?

L'emploi du temps...

Une semaine comporte 7 jours.
Pour noter des activités qui reviennent toujours au même moment dans la semaine (même jour et même heure), tu utilises un emploi du temps. Voici une partie d'un emploi du temps d'une classe de CE1.

	LUNDI	MARDI
8 h 30	Lecture	Géométrie
9 h 10	Mathématiques	Orthographe
9 h 50	Musique	Poésie
10 h 15	Récréation	Récréation
10 h 35	Grammaire	Arts plastiques

...ou l'agenda ?

Si tu veux noter des activités particulières, ou des rendez-vous qui n'ont lieu qu'une fois, tu utilises un agenda.

Novembre	47e semaine
L 21	
M 22	dentiste 17 h 30
M 23	piscine 10 h
J 24	
V 25	pas de judo
S 26	anniversaire Stéphane
D 27	repas chez mamie

Passe-temps

Tous ces gens qui ont tant à faire,
qui ont des rendez-vous urgents,
un agenda, des tas d'affaires,
où vont-ils donc ces gens bougeants ?

Pourquoi courir, se mettre en nage,
pourquoi s'essouffler constamment :
les gens tranquilles sont plus sages
qui regardent passer le temps.

Claude Roy, *Nouvelles enfantasques*, Gallimard

Ateliers d'écriture

Atelier 1 : Raconte ce que tu as fait hier, du lever au coucher.

Atelier 2 : Lis la poésie de Claude Roy et construis à ton tour un texte amusant sur l'emploi du temps de la semaine.

Qui rythme les

Il fait jour, il fait nuit, il fait chaud, il fait froid... Pourquoi ? Tous ces changements sont dûs au Soleil qui rythme la vie des hommes depuis toujours.

La Terre tourne sur elle-même comme une toupie.

▶ Une ronde sans fin

C'est parce que la Terre tourne autour du Soleil et qu'elle tourne aussi sur elle-même comme une toupie qu'il fait tantôt jour, tantôt nuit. Quand tu es dans la zone qui fait face au Soleil, tu reçois de la lumière : il fait jour. Dans la zone opposée, il fait sombre : c'est la nuit.

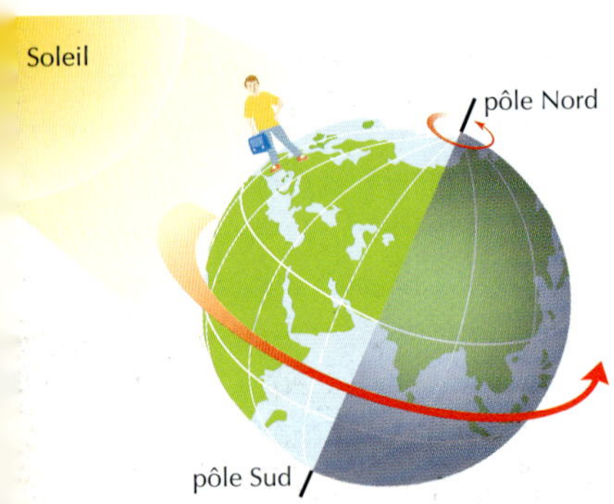

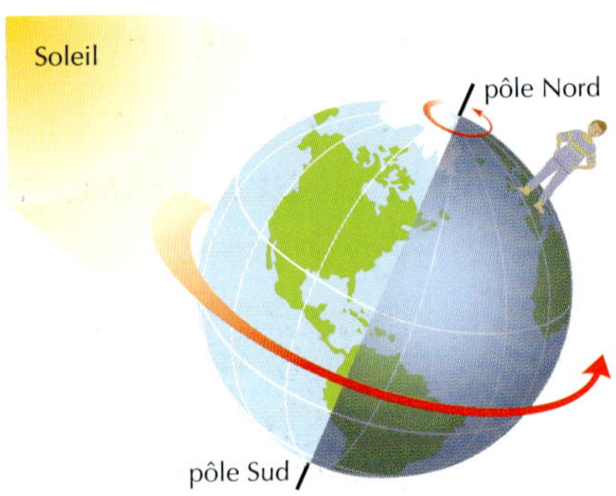

22 septembre, c'est l'automne dans l'hémisphère Nord.

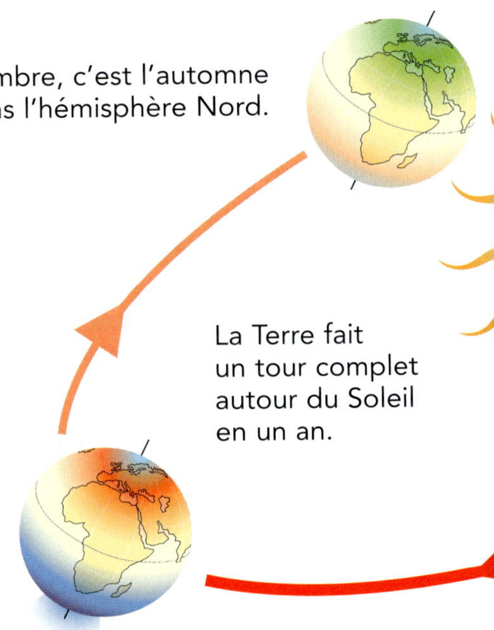

La Terre fait un tour complet autour du Soleil en un an.

21 juin, c'est l'été dans l'hémisphère Nord. Le pôle Sud est plongé dans la nuit polaire.

Le sais-tu ?

Une journée dure 24 heures. Deux fois par an, la nuit est aussi longue que le jour. C'est le jour des équinoxes : le 20 mars, jour du printemps et le 22 septembre, jour de l'automne.

un équinoxe

Jour de l'année qui comporte 12 heures de nuit et 12 heures de jour.

l'équateur

Ligne imaginaire qui fait le tour de la Terre à égale distance du pôle Nord et pôle Sud.

jours et les saisons ?

Pourquoi y-a-t-il des saisons ?

Nous avons des saisons parce que la Terre tourne autour du Soleil avec un axe de rotation incliné. Dans la moitié de la Terre qui reçoit le plus de lumière et de chaleur, c'est l'été. L'hiver arrive lorsque c'est l'autre moitié qui reçoit, à son tour, plus de lumière et de chaleur.

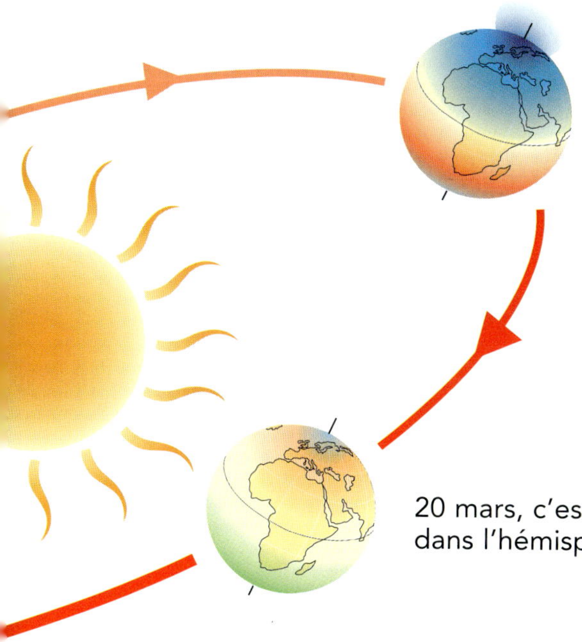

21 décembre, c'est l'hiver dans l'hémisphère Nord. Le pôle Nord est plongé dans la nuit polaire.

20 mars, c'est le printemps dans l'hémisphère Nord.

Quatre saisons

En Europe, il y a quatre saisons : le printemps, l'été, l'automne et l'hiver. L'ensoleillement, le temps qu'il fait et les paysages changent avec les saisons.

À l'équateur et aux pôles

Si tu habites près de l'équateur, deux saisons chaudes alternent : l'une est plutôt sèche, l'autre est très humide. Aux pôles, en hiver, la nuit dure plusieurs semaines. En été, le soleil ne se couche pas et il fait jour tout le temps !

Atelier

- Que se passe-t-il quand le Soleil éclaire une partie de la Terre ?
- Pourquoi fait-il nuit ?
- Combien y a-t-il d'équinoxes par an ? À quelles dates ?
- Quelles sont les quatre saisons en Europe ?
- À quel endroit n'y a-t-il que deux saisons ?

Objectif : Maîtriser le vocabulaire pour lire et écrire l'heure qu'il est.

Raconter l'heure

Observe

Emploi du temps

À onze heures
chez l'ambassadeur
À midi
rue Garibaldi
À une heure
aller voir ma sœur
À deux heures
bloquer l'ascenseur
À trois heures
chez mon directeur
À quatre heures
je mange des p'tits-beurre
À cinq heures
je change de secteur
À six heures
envoyer des fleurs
À sept heures
je file en douceur
À huit heures
je consulte l'heure :
QUE FAIRE À VINGT
ET UNE HEURE ?

Luc Bérimont
Comptines pour les enfants d'ici et les canards sauvages
Le Cherche Midi Éditeur

- **À ton avis, dans cette comptine, s'agit-il du matin ou de l'après-midi ?**

1 Recopie en associant ce qui va ensemble.

À une heure •	• je consulte l'heure.
À cinq heures •	• je change de secteur.
À six heures •	• aller voir ma sœur.
À huit heures •	• envoyer des fleurs.

2 Écris les heures de l'après-midi comme dans le modèle.

12 h c'est midi.
1 h de l'après-midi, c'est 13 h.

- 2 h, c'est … • 3 h, c'est … • 4 h, c'est …
- 5 h, c'est … • 6 h, c'est … • 7 h, c'est …
- 8 h, c'est … • 9 h, c'est … • 10 h, c'est …
- 11 h, c'est … • 12 h, c'est … (minuit).

3 Écris le texte en complétant avec tes propres horaires.

Le matin, quand il y a classe, je me lève à … .
Je pars pour l'école à … .
Les cours du matin commencent à … et se terminent à … .
L'après-midi, on a classe de … à … .
Je rentre à la maison vers … et je me couche à … .

Pour dire l'heure, on utilise des nombres différents pour distinguer le matin de l'après-midi. Avant midi, on dit : 1 h, 2 h, 3 h, 4 h …11 h. Après midi, on dit 13 h, 14 h, 15 h, 16 h… Pour 12 h 00 on dit midi et pour 0 h 00 on dit minuit.

Objectif : Reconnaître des phonèmes associant la lettre E à d'autres lettres.

La lettre e (2)

Observe

Où ?

Où trouver, dites-moi, l'oiseau qui prend le frais
À la tombée du jour, le renard qui s'inquiète,
La biche, le hibou, la fourmi, la belette,
La girafe au long cou, le lapin qui s'effraie ?
Dans la forêt.
Où courir, dites-moi, en suivant le rivage,
Après le vent, le sel, la poudre des embruns,
Où mesurer le temps s'écoulant grain à grain
De mes doigts entrouverts, en un troublant message ?
Sur la plage.

Jacques Charpentreau – *Poésie en jeu* – Les Éditions de l'Atelier

Lis la poésie et classe en plusieurs catégories les mots dans lesquels tu vois la lettre e.

1 Recopie et complète les phrases avec e, eau, em ou en.

- … Égypte, on utilisait une horloge à eau pour m…surer le t…ps.
- L'… cont…nue dans un vase s'écoulait l…tement par un p…tit trou fait …-dessous.

2 Recopie les mots en les complétant avec en ou em.

sept…bre	nov…bre	déc…bre	att…dre	une p…dule
le print…ps	un instrum…t	un ex…ple	…suite	un mouvem…t

3 Recopie les phrases en complétant les mots avec ien ou ein.

- Le gard… du musée admire les tableaux p…ts par Léonard de Vinci.
- Mon bol est pl…, le t… est vide.
- Ce meuble est anc… : il a b… 100 ans !
- Il faut ét…dre la lumière et dormir b…tôt.

4 Transforme au masculin et recopie.

- une nouvelle → un nouv…
- une agnelle → un agn…
- une chamelle → un cham…
- une oiselle → un ois…
- une jumelle → un jum…

e ‿ t	→ et	[ɛ]	juillet – il met – complet
e ‿ i	→ ei	[ɛ]	treize – la neige – la reine
ê	→ ê	[ɛ]	une fenêtre – une fête
e ‿ n	→ en	[ɑ̃]	vendredi – une pendule – entendre
e ‿ m	→ em	[ɑ̃]	le temps – septembre – empêcher
e ‿ a ‿ u	→ eau	[o]	un oiseau – nouveau – de l'eau
e ‿ i ‿ n	→ ein	[ɛ̃]	plein – de la peinture – des freins.

Tu peux aussi retrouver la lettre **E** page 63 et 125.

Conjugaison

Objectif : Comprendre l'emploi du futur et reconnaître un verbe conjugué au futur.

Le futur

Observe

Coline s'inquiète pour l'avenir. Elle interroge ses parents.
– Il n'y a pas de collège ici. Comment cela va-t-il se passer quand je **serai** en 6e ?
– Il **faudra** que tu prennes le bus le matin et le soir. Tu **resteras** au collège à midi, tu **mangeras** au restaurant scolaire.
– Je **trouverai** sûrement le temps long !
– Non, car tu **auras** des professeurs différents et tu **feras** des choses intéressantes. Tu **pourras** t'inscrire au foyer et faire du théâtre, du sport, de la musique…

Lis le texte et observe les verbes écrits en rouge. Que remarques-tu ?

1 **Observe la conjugaison du verbe chanter, puis écris celle du verbe trouver et celle du verbe faire.**

chanter	trouver	faire
je chant**erai**	je trouverai	je ferai
tu chant**eras**	tu …	tu …
il chant**era**	il ou elle …	il ou elle …
nous chant**erons**	nous …	nous …
vous chant**erez**	vous …	vous …
ils chant**eront**	ils …	ils …

2 **Recopie seulement les mots ou les expressions qui expriment le futur.**

tout à l'heure – autrefois – demain – hier – plus tard – dans deux ans – au siècle dernier
avant-hier – ce soir – quand je serai grand – la nuit prochaine – la semaine dernière

3 **Transforme les verbes de ces phrases au futur et souligne-les.**

Je viens jouer avec toi vers 17 h, ou je reste chez moi.
Ma tante Agathe vient dimanche et nous allons au cirque ensemble.
Luc ne va pas à l'école la semaine prochaine. Il retourne en classe lundi.
Papa prépare une pâte à tarte ; elle doit reposer une heure. On la cuit ce soir.

Pour raconter des événements qui se passeront plus tard, on utilise le futur. Pour repérer si un verbe est au futur, on teste la phrase avec le mot demain : ***Demain**, il **fera** beau. Le soleil **brillera** presque partout. Des nuages **apparaîtront** à l'ouest, en fin de journée.*

Objectif : Identifier les signes de ponctuation et comprendre leur emploi.

La ponctuation

Observe

La maman de Mini et de Félix est à l'hôpital pour quelques jours. Il faut se répartir le travail.
– Eh bien, mon fils ? Tu veux que je te donne des idées ?
– Non, non ! Je vais me débrouiller tout seul !
Tiens, je vais descendre la poubelle !
– Et quoi encore ? demanda papa.
– Je vais ranger ma chambre !
– Et quoi encore ?
– Ça ne suffit pas ? demanda Félix en fronçant les sourcils.
– Tu pourrais nettoyer la salle de bains, dit papa, et aller faire les courses.
– Et Mini, qu'est-ce qui lui restera ? fit Félix, indigné.

Christine Nöstlinger – *Mini s'occupe de tout* – *Coll. Bibliothèque rose* – Hachette Jeunesse

Lis le texte et cherche ce qu'indiquent les signes écrits à la fin de chaque phrase.

1 **Copie et complète par un point (.) ou un point d'interrogation (?) (si c'est une question).**

- As-tu école demain … Tes devoirs sont-ils faits …
- La boulangerie est fermée tous les lundis …
- Où irons-nous en vacances cet été … Pourrais-je apprendre à plonger …
- Pourquoi neige-t-il au mois d'avril …

2 **Trouve les questions qui ont été posées pour obtenir ces réponses.**

- Le film commence à 21 h.
- C'est Sébastien qui a fait la tarte aux prunes.
- Je vais à la piscine avec Joachim.
- Une journée comporte 24 heures.
- À l'équateur il y a deux saisons.

3 **Complète le texte avec . ! ou ? .**

J'aime la ville où j'habite … On peut y faire beaucoup de choses … Mais elle est bien trop bruyante … On n'y est tranquille que le dimanche … Il y a beaucoup trop de voitures …
Remplacera-t-on un jour les parkings par des aires de jeux … Ce serait bien …

La plupart des phrases se terminent par un point (.). *Pierre vient demain.*
Quand on pose une question, on termine la phrase par un point d'interrogation (?).
Quand Pierre viendra-t-il ? Est-ce que Pierre viendra ?
Quand on veut exprimer un sentiment : l'admiration, la peur, la colère, la joie, le chagrin, l'étonnement… on termine la phrase par un point d'exclamation (!).
Pierre vient demain. Ça me fait plaisir !

Comment mesurer

« Est-on le matin ou l'après-midi ? Quelle heure est-il ? » Depuis toujours, les hommes ont essayé de se repérer dans la journée en utilisant des outils de plus en plus précis.

Un cadran solaire
Ici, l'ombre indique qu'il est environ 12 heures (ou midi).

Un outil très ancien : le cadran solaire

Depuis l'Antiquité, on peut lire l'heure sur un cadran solaire grâce à l'ombre d'une tige sur un espace gradué. Un cadran solaire est placé sur un mur ou posé, debout, par terre. Mais lorsque le temps est nuageux, ou la nuit, on ne peut pas savoir quelle heure il est !

Une pendule à cadran tournant

Le sais-tu ?
Au XVIIe siècle l'horloge n'avait qu'une seule aiguille fixe. C'était le cadran qui tournait pour indiquer l'heure.

Avec du sable

Le sablier n'indique pas l'heure qu'il est. Il permet de mesurer des durées : le temps que met une certaine quantité de sable pour s'écouler.

Le sable tombe lentement dans la partie basse du sablier.

Les premières horloges

Les premières horloges mécaniques fonctionnaient grâce à un poids qui descendait et actionnait des rouages. Elles n'avaient ni cadran ni aiguilles. Leur seule fonction était de sonner les heures.

le temps ?

L'heure exacte

Aujourd'hui, la montre à quartz fonctionne avec une pile et donne l'heure de façon très précise. Pour mesurer des durées très courtes de manière encore plus précise, on utilise un chronomètre : il indique des temps plus petits que la seconde.

Un chronomètre

le quartz
Roche très dure formée de cristaux.

Une montre à cristaux liquides indique l'heure en affichant les chiffres.

Une montre à aiguilles

L'heure se lit grâce à deux aiguilles : la petite indique les heures et la grande indique les minutes.

Petites paroles du temps qui court

« J'ai, dit la pendule, passé toute ma vie à suivre le temps, et tu crois qu'il m'en montre de la reconnaissance ? Tu parles ! Maintenant que je suis vieille et que je ne peux plus avancer aussi vite, tu crois qu'il m'attend, ce gredin de temps ? Penses-tu, il se met à courir devant et je le vois tout au loin. Un jour que je me réveillerai, il aura disparu, le temps. »

Jan dau Melhau – Poésie 1 n° 79-80
Le Cherche Midi Éditeur

Ateliers d'écriture

Atelier 1 : Imagine qu'il ne fasse jamais nuit. Que se passerait-il ?

Atelier 2 : Rédige une ou deux phrases à propos de chacune des saisons.

Conseil : pense à la ponctuation (regarde page 73).

À quoi servent les illustrations ?

Dans un album

Observe

Pierre Coré,
Clément Oubrerie
La Princesse qui voulait dormir cent ans
Hachette Jeunesse

Observe la double page de cet album.

Recherche

Réponds aux questions.

- Quelles couleurs sont les dominantes de la page ? À ton avis, pourquoi ?
- Que représente l'illustration ? Est-ce un dessin ou une photo ? Pourquoi ?
- Qui est, ici, Terminator ? Qui s'appelle Belle ?
- Où le texte est-il écrit ? Pourquoi ?
- À quoi l'illustration sert-elle ?

1 Imagine et dessine une belle illustration pour accompagner ce texte que tu recopieras.

« Pour échapper au dragon, le prince prononça une formule magique. Aussitôt, des ailes poussèrent à son cheval. Il s'envola dans les airs jusqu'à la fenêtre du donjon. »

Atelier

- Regardez dans différents albums comment le texte et les illustrations sont répartis. Combien de solutions avez-vous trouvées ?
- Les illustrations complètent-elles le texte ou présentent-elles la même chose ?

Dans un documentaire

Observe

Le soir, les ombres sont grandes.

Il est 6 h du soir. La photo a été prise au mois de juillet. Les ombres sont plus grandes que les enfants.

Observe la photo et sa légende.

Recherche

Réponds aux questions.

- Que montre la photo ?
- Pourquoi a-t-on utilisé une photographie et non un dessin ?
- Où se trouve la légende qui accompagne la photo ?
- À midi, comment serait l'ombre ?

2 Retourne aux pages 68 et 69.

- Regarde les illustrations et explique de quoi il s'agit.
- Reproduis sur une feuille le schéma « La Terre fait un tour complet autour du Soleil en un an. » et recopie cette légende au-dessus ou en dessous de ton dessin.

Atelier

- Retournez aux pages 74 et 75 et faites la liste des illustrations que vous voyez (pour cela, nommez les objets que vous voyez).
- Proposez des légendes pour les photos des pages 67 et 69.

On trouve des illustrations dans toutes sortes d'écrits.
Ce sont parfois des dessins, des photos ou des schémas.
Les illustrations servent à compléter, à expliquer le texte et à embellir les pages.

Module 9

L'ESPACE

Qu'est-ce que

Regarde autour de toi. Que vois-tu ?
Qu'y a-t-il plus loin que tu ne vois pas ?
Arrives-tu à imaginer comment est-ce plus loin à l'horizon ?
Et plus loin encore, peux-tu imaginer ce qu'il y a au-delà de la Terre ?

La Terre est la quatrième planète du système solaire.

Le système solaire

Le système solaire est un ensemble constitué du Soleil et de neuf planètes qui tournent autour de lui.
Notre planète, la Terre, se trouve à 150 millions de kilomètres du Soleil.
Elle possède un satellite naturel qui tourne autour d'elle : la Lune.

Une planète hospitalière

La Terre est la seule planète habitée du système solaire. La vie y est possible grâce à la présence de l'eau liquide, de l'air et à sa température moyenne de 15 °C. La Terre existe depuis 5 milliards d'années, mais la vie n'y est apparue qu'il y a 3,5 milliards d'années.

Le Soleil et ses neuf planètes

Le sais-tu ?

Certaines planètes sont faites de roches comme Mercure ou la Terre, et d'autres de gaz comme Jupiter et Saturne.
La plus grosse planète du système solaire est Jupiter, la plus petite est Pluton.

la Terre ?

▸ Des océans et des continents

À la surface de la Terre, l'écorce terrestre est en partie recouverte par l'eau des mers ou des océans. Les terres se présentent sous la forme de six continents :

- l'Afrique
- l'Amérique
- l'Asie
- l'Europe
- l'Océanie
- l'Antarctique (au pôle Sud).

Cette image montre les reliefs de la Terre et les profondeurs sous-marines.

une planète
Astre qui tourne autour du Soleil.

un continent
Étendue de terre comprise entre deux océans.

Atelier

- Qu'est-ce que le système solaire ?
- Pourquoi la Terre est-elle la seule planète habitée ?
- Par quoi la surface de la Terre est-elle en partie recouverte ?
- Quels sont les noms des six continents ?

Objectif : Identifier les familles de mots pour comprendre un mot nouveau en contexte.

Les familles de mots

Observe

Vénusio découvre la Terre

C'était la première fois que Vénusio allait sur la **Terre**. Le voyage avait duré deux ans et quand il **atterrit**, il fut content de respirer l'atmosphère **terrestre**, de découvrir un nouveau **territoire**. Vénusio se trouvait sur un **terre-plein**, en bordure d'un champ. Le **terrain** appartenait au **terrible** monsieur Lavoine qui, s'il l'avait vu, ne l'aurait pas invité à sa **terrasse** car il était **terrorisé** par les créatures venues de l'espace.

- **Lis le texte puis classe les mots écrits en bleu en deux familles.**

Mots de la famille du mot **terre**	Mots de la famille du mot **terreur** (peur)

1 **Écris un mot de la même famille que le mot marqué.**

terrestre : …
partir : …
classer : …
solaire : …
voyager : …
respiration : …
roche : …
jardin : …
habilité : …

2 **Copie chaque liste puis entoure l'intrus.**

Liste 1 : monter, montage, démonter, montre, montagne

Liste 2 : long, allonger, longueur, longuement, londonien

Liste 3 : poisson, empoisonner, poissonnerie, poissonnier

Liste 4 : lait, laitage, lainage, laiterie, allaiter

Liste 5 : jour, journal, journée, joueur, journalier

3 **Complète chaque phrase avec des mots de la même famille que le mot écrit entre parenthèses.**

- **(feuille)** Cet arbre est un hêtre, ce n'est pas un résineux, c'est un … .
En automne, le … des marronniers devient roux.
- **(prudent)** Il faut toujours traverser la rue avec … , car certains conducteurs ne conduisent pas toujours très … .
- **(lancer)** Les chevaliers étaient armés d'une grande … .
La fusée Ariane est un … de satellites.

Certains mots se ressemblent parce qu'ils sont de la même famille.
Dans une **famille de mots**, les mots sont formés à partir d'un même mot simple.
Le mot **terre** a donné les mots : ***terrestre, terrain, territoire, terreau, terrasse, atterrir…***

La lettre c

Observe

La couleur locale

Comme il est beau ce petit paysage
Ces deux rochers ces quelques arbres
Et puis l'eau et puis le rivage
Comme il est beau
Très peu de bruit un peu de vent
Et beaucoup d'eau
C'est un petit paysage de Bretagne
Il peut tenir dans le creux de la main
Quand on le regarde de loin

Mais si on s'avance
on ne voit plus rien
on se cogne sur un rocher
ou sur un arbre
on se fait mal c'est malheureux
Il y a des choses qu'on peut toucher de près
d'autres qu'il vaut mieux regarder d'assez loin
mais c'est bien joli tout de même...

Jacques Prévert
Spectacle - Gallimard

• **Lis la poésie. Classe tous les mots où tu vois la lettre c en plusieurs catégories.** •

1 Recopie le tableau et classe les mots en deux colonnes.

la France – une carte – un océan – des cultures – la campagne
le ciel – une construction – une source – une colline – de la glace

Je vois c et j'entends [k]	Je vois c et j'entends [s]

2 Recopie et complète les mots avec c ou ç.

un gla...on – une pla...e – une fa...ade – le ...inéma – une le...on – il se balan...e
une balan...oire – un gla...ier – l'espa...e – le ...entre – il lan...ait – il a re...u

3 Écris les mots dont voici les définitions (ils ont tous ch).

elle abrite les abeilles : ... – légume vert : ... – c'est un sentier : ...
contraire de froid : ... – pays d'Asie : ... – partie de l'arbre : ...

c	→	c	[k]	devant a, o, u ou une consonne : un continent – l'Antarctique
	→	c	[s]	devant e, i ou y : le ciel – l'espace – une surface – un cycle
ç	→	ç	[s]	un garçon – français – j'ai reçu
c ‿ h	→	ch	[ʃ]	des roches – un château – un chemin

Objectif : Acquérir une première approche de la notion de groupe du sujet et de groupe du verbe, commencer à identifier les compléments circonstanciels.

Les groupes indispensables à la phrase

Observe

Dans le monde entier, les hommes élèvent des animaux.

Dans les océans, l'eau est salée.

Notre planète est couverte d'eau sur une grande partie de sa surface.

Aux pôles, la glace ne fond jamais.

Les nuits, en hiver, sont très froides.

• **Pour chaque phrase, indique les groupes de mots qui peuvent être supprimés.** •

1 Écris le groupe sujet qui convient pour le début de chaque phrase.

L'eau – La Terre – Le Soleil – La Lune – Neuf planètes – L'Antarctique

… nous réchauffe et nous éclaire.
… recouvre les trois-quarts de la surface de la Terre.
… est notre planète.
… se trouve au pôle Sud.
… tournent autour du Soleil.
… tourne autour de la Terre.

2 Souligne le verbe et sépare le groupe du sujet du groupe du verbe.

La Lune / est quatre fois moins grosse que la Terre.
Des nuages passent dans le ciel.
Le fleuve coule vers la mer.
La Terre est appelée la planète bleue.
Le Soleil éclaire la Terre.
Le pôle Sud est recouvert de glace.
Le Soleil est une étoile.
La Terre tourne sur elle-même.
Les hommes cultivent la terre.

3 Retrouve les phrases et recopie-les.

Les pôles •	• brillent dans la nuit.
L'océan Atlantique •	• est la saison la plus chaude.
Les étoiles •	• sont les zones les plus froides.
L'été •	• sépare l'Afrique de l'Amérique.

Dans la phrase, les groupes indispensables sont :
- **le groupe du sujet (il indique de qui ou de quoi on parle);**
- **le groupe du verbe (il raconte ce que fait le sujet ou il sert à décrire).**

Les autres groupes de mots apportent d'autres informations intéressantes : où ? quand ? comment ? Ils peuvent être supprimés.

Objectif : Identifier l'emploi de l'auxiliaire dans la conjugaison d'un verbe au passé composé.

Le passé composé

Observe

Le 20 juillet 1969, un grand événement **a eu** lieu. Deux astronautes **ont marché** sur la Lune. Neil Armstrong **a fait** les premiers pas sur le sol lunaire, puis Edwin Aldrin **est venu** le rejoindre. Ils **ont ramassé** des roches et ils **ont installé** des instruments pour étudier la Lune. Ils **ont planté** le drapeau américain, puis ils **ont rejoint** leur capsule spatiale Apollo et ils **sont repartis**.
Ils **ont filmé** leur exploit et des millions de téléspectateurs l'**ont vu** en direct.

Lis le texte et observe bien les verbes écrits en rouge. Que remarques-tu ?

1 Cherche les informations dans le texte. Réponds à chaque question en une phrase.

- Quand cet événement s'est-il passé ?
- Qu'ont fait les deux astronautes ?
- Qui a vu cet événement ? Pourquoi ?

2 Recopie et relie.

il fait •	• il a ramassé
il ramasse •	• il est parti
il part •	• il a planté
il plante •	• il a fait

3 Observe la conjugaison du verbe ramasser. Conjugue le verbe planter.

j'ai ramassé	**j'ai planté**
tu as ramassé	…
il a ramassé	…
nous avons ramassé	…
vous avez ramassé	…
ils ont ramassé	…

4 Classe les verbes en deux catégories.

ils sont venus — il a marché — ils ont pris — ils ont regardé
il a filmé — il est allé — ils ont vu — ils sont repartis

Verbes conjugués avec avoir	Verbes conjugués avec être

Le passé composé est un temps du passé. Il sert à raconter des actions qui se sont déroulées avant et qui sont maintenant terminées. Un verbe écrit au passé composé est composé de deux mots : *il a fait, ils ont ramassé, ils sont repartis.*
Le deuxième mot s'accorde avec le sujet quand on conjugue avec être : *elles sont reparties.*

Comment montrer

L'ESPACE

Pour voir la Terre, l'idéal est de l'observer depuis une navette spatiale ! Tu as aussi d'autres solutions : regarder des photos prises depuis un satellite, faire tourner un globe terrestre ou examiner des cartes spéciales, les planisphères.

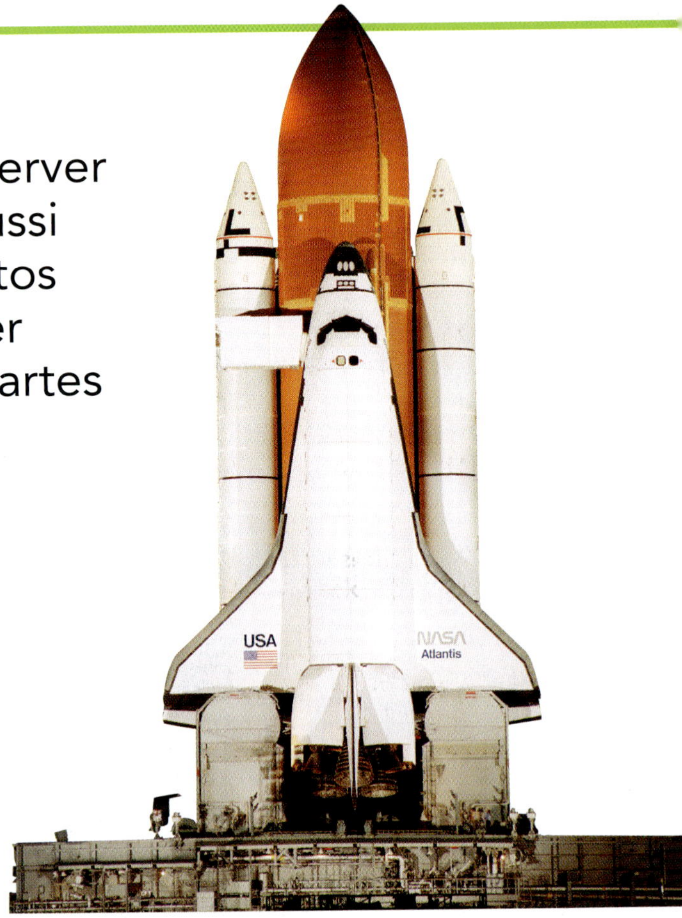

La navette spatiale

▸ Les photos satellite

Sur une photo satellite, les mers et les océans apparaissent en bleu, les continents en brun et vert, la glace des pôles et les nuages en blanc.

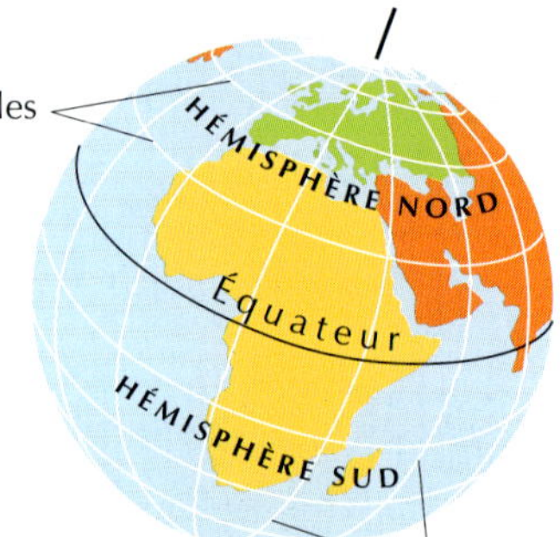

On divise le globe terrestre en deux parties : l'hémisphère Nord et l'hémisphère Sud. Elles sont séparées par la ligne imaginaire de l'équateur.

un satellite
Corps qui tourne autour d'une planète. Il peut être naturel, comme la Lune, ou artificiel, lancé par l'homme.

▸ Le globe terrestre

Un globe est une maquette de la Terre. Certains globes présentent l'aspect physique : les plaines, les montagnes, les déserts, les fleuves... D'autres indiquent les noms de tous les pays.

la Terre ?

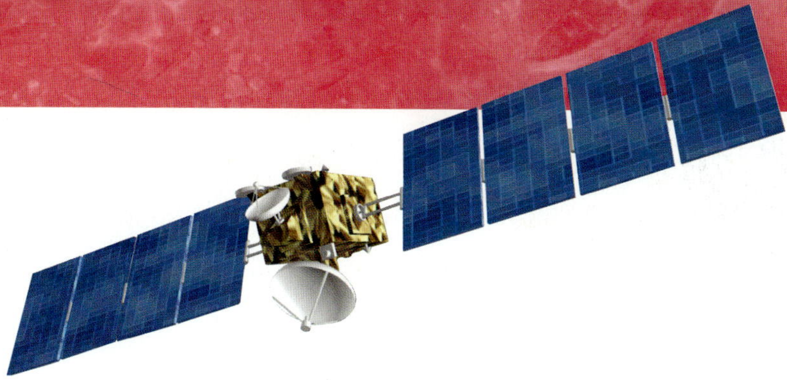

▸ Les cartes du monde

Un planisphère est une carte du monde « à plat » qui permet de voir la Terre en entier. Une légende explique la signification des couleurs employées.

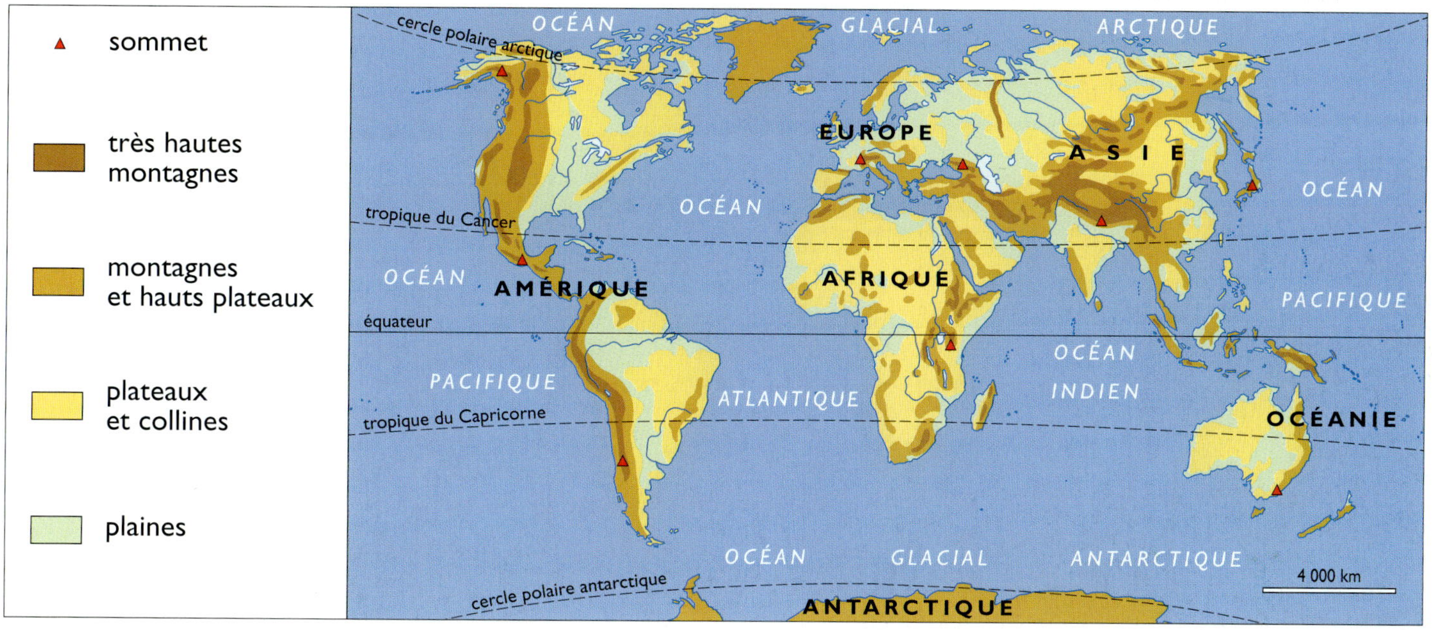

Ce planisphère montre les continents et les océans.

Le sais-tu ?

Au Moyen Âge, avant 1492, l'Amérique ne figurait pas sur les cartes du monde. Les gens ignoraient son existence.

L'Atlantide

Caché sous l'Océan
Sommeille un continent
Mais on ne sait plus où
Ni pourquoi, ni comment.
On l'a cherché partout,
Il y a bien longtemps.
Puis on l'a oublié,
Et tout ce que l'on sait,
C'est qu'il dort tout au fond
D'un océan profond.

Corinne Albaut
Comptines de la mer et du vent
Actes Sud Junior, 1996

Ateliers d'écriture

Atelier 1 : Invente une poésie en utilisant la structure : *Qu'elle est belle la Terre avec ses…, avec son…*

Atelier 2 : Rédige un texte (cela peut être un dialogue) dans lequel tu expliques à un extraterrestre comment est la Terre.

N'oublie pas d'utiliser plusieurs mots de la famille du mot Terre, comme dans le texte de la page 80.

Module 10
L'ESPACE

L'homme agit-il

Quand tu regardes un paysage à la campagne, à la mer ou en montagne, tu vois la nature, mais tu vois aussi des aménagements faits par les hommes.

Peu à peu, sous l'action de l'homme, ce paysage s'est transformé.

Un paysage naturel ?

Si tu observes bien ce paysage, tu peux faire deux listes :
– d'un côté, tous les éléments naturels
– de l'autre, tout ce que les hommes ont aménagé ou construit.

Le sais-tu ?

En France, seuls quelques endroits dans les montagnes les plus hautes et quelques zones au bord de la mer sont encore à l'état naturel.

L'homme modifie sans cesse l'environnement.

sur la nature ?

Notre environnement

Notre environnement se compose de tous les éléments de la nature qui nous entourent : l'air, l'eau, la végétation et les animaux. Il comporte aussi les éléments créés par l'homme pour se loger, se déplacer, travailler, se nourrir, se divertir, etc.

un parc naturel

Territoire placé sous le contrôle de l'État où la nature est protégée.

Le parc naturel de l'île de Port-Cros.

Atelier

- Qu'appelle-t-on les éléments naturels ?
- Quels sont les aménagements faits par l'homme pour se déplacer ? se nourrir ? travailler ?
- Qu'est-ce qu'un parc naturel ?

Préserver la nature

Pour préserver certains espaces, des parcs naturels ont été aménagés en montagne ou au bord de la mer. Les animaux y vivent en liberté et ne sont pas chassés. Il est interdit de cueillir les plantes, de circuler en voiture, de camper…

Objectif : Mobiliser et utiliser le vocabulaire nécessaire pour exprimer le contraire.

Dire le contraire

Observe

Chez les géants verts, les collines sont hautes, les herbes sont sages, le ciel est toujours sombre, la nuit est noire, le vent est plutôt chaud, le paysage est animé, les arbres sont nombreux et les géants, eux, sont toujours grands et gais.

Chez les lutins bleus, les collines sont basses, les herbes sont folles, le ciel est toujours clair, la nuit est lumineuse, le vent est plutôt froid, le paysage est calme, les arbres sont rares et les lutins, eux, sont toujours petits et gais.

• **Lis les deux textes et explique les différences.** •

1 **Écris les contraires de ces adjectifs.**

gai : … courageux : … pollué : …
étroit : … immense : … laid : …
rapide : … semblable : … sale : …

2 **Recopie puis entoure le verbe qui est le contraire du verbe en rouge.**

descendre : monter – couler
écrire : effacer – tracer
planter : cueillir – arracher
donner : faire – prendre
gagner : perdre – égaliser
rassembler : disperser – inviter

3 **Écris le contraire des mots en ajoutant dé, in ou mal comme dans les modèles.**

peuplé → dépeuplé
confortable → inconfortable
adroit → maladroit

correct : … humain : … placé : …
habile : … honnête : … stable : …
heureux : … habité : … monté : …

4 **Écris des phrases pour dire le contraire. Compare tes phrases avec celles de tes voisins.**

Mes ennemis sont partis.
Les animaux domestiques sont confiants.
Les adultes sont calmes.
Les nuits sont froides.
Les anciennes routes sont étroites.

Pour dire le contraire, on emploie un mot qui a un sens opposé :
*le vent **chaud** → le vent **froid***
Parfois, pour former des mots contraires, on peut utiliser dé-, in-, mal- :
*peuplé → **dé**peuplé – visible → **in**visible – adroit → **mal**adroit.*

Objectif : Repérer les différents statuts de la lettre U.

La lettre u

Observe

Saison tremblante

La belle vitre bleue
La maison tranquille
Un oiseau à l'aile brisée
Un feu qui brille
Ce n'est pas encore l'été
On ne sait d'où vient la lumière
Une forme vient se poser
Trois papillons dans la poussière

Pierre Reverdy
Main-d'œuvre - Mercure de France

Lis le poème. Classe les mots où tu vois la lettre u en plusieurs catégories.

1 Écris en ajoutant un ou une devant ces noms.

... homme	... ville	... forêt
... fleuve	... village	... monde
... route	... paysage	... transformation
... nature	... animal	... environnement

2 Les mots à trouver contiennent ui : lis leurs définitions et trouve-les.

des petits soucis : des ...	il protège de la pluie : un ...	c'est un petit cours d'eau : un ...
le contraire de jour : la ...	ce nombre vient après 7 : ...	se sauver rapidement : ...

3 Écris le nom avec eur qui correspond à l'adjectif (grand → la grandeur).

haut : la ... froid : la ... chaud : la ... large : la ... long : la ... pesant : la ...

4 Recopie et complète les mots avec au ou eau.

un ...tre	de l'...	la p...	...trement	un chât...
un bur...	c'est f...x	un morc...	à g...che	un troup...
un plat...	un ...tobus	des anim...x	un ham...	...trefois

u → u [y] de la lumière – calculer – l'univers
u ‿ n → un [ɛ̃] un – brun – chacun – quelqu'un
u ‿ i → ui [ɥi] lui – la nuit – huit – cuire
Rappel : a ‿ u : au, e ‿ a ‿ u : eau, o ‿ u : ou, e ‿ u : eu

Tu peux aussi retrouver la lettre U page 135.

Objectif : Reconnaître les indications de genre et les utiliser à bon escient.

Le masculin et le féminin

Observe

Mon **pays**, c'est ma **terre**, ma terre **natale** et **nourricière**.
Mon **univers**, c'est ma **maison petite** et **chaude**.
Mon **toit**, c'est le **ciel bleu**, **blanc** ou **noir** parfois.
Ma **lumière**, c'est le **soleil** qui brille dans les yeux d'un **enfant**.

• **Lis le texte et dis si les mots écrits en bleu sont masculins ou féminins.** •

1 Classe les mots en deux listes : noms masculins et noms féminins. Recopie-les.

plante	rivière	groupe	espèce	espace	culture
élevage	fleuve	élément	aliment	arbre	vie

2 Recopie et complète le texte avec : la, une ou un.

Tous les éléments de … nature sont importants : nous avons besoin d'… eau pure, d'… terre saine pour … végétation et les animaux qui nous entourent. L'air et l'eau sont indispensables à … vie. Nous devons faire attention à … pollution qui représente … danger et nuit à … santé.

3 Écris les mots et indique leur genre comme dans un dictionnaire : n. f. pour les noms féminins, et n. m. pour les noms masculins.

journée : n.f.	Soleil : …	construction : …	sol : …	terre : …
environnement : …	nature : …	recyclage : …	air : …	habitude : …

4 Observe bien les mots et écris si on parle d'une fille, d'une femme ou d'un garçon.

C'est un bel enfant : …	C'est une bonne élève : …
Dominique est grande : …	Alex est assis : …
Ma dentiste est gentille : …	Fred est très douce : …

5 Transforme en écrivant un ou une à la place de l'.

l'animal : …	l'arme : …
l'avenue : …	l'oiseau : …
l'immeuble : …	l'océan : …

Si un nom est du genre masculin, on peut mettre un ou le devant : ***un** homme, **le** ciel…*
Si un nom est du genre féminin, on peut mettre une ou la devant : ***une** pomme, **la** nature…*
Dans un groupe nominal, tous les mots s'accordent avec le nom :
- **au masculin, si le nom est masculin :** ***Le** ciel **bleu** et **blanc** se couvre de nuages.*
- **au féminin, si le nom est féminin :** ***La** mer **bleue** et **blanche** danse au gré du vent.*

Objectif : Comprendre l'utilisation des auxiliaires dans la conjugaison des verbes au passé composé.

Conjuguer au passé composé avec avoir et être

Observe

Dès que Chloé **a compris** qu'elle pouvait préserver l'environnement, elle **a cessé** de jeter tous les déchets dans la même poubelle. Elle **est devenue** attentive au recyclage.

Chloé **a trié** le verre et le papier. Elle **a fait** attention aux plastiques et elle **a mis** les canettes métalliques à part. Elle **est** aussi **allée** porter les piles usagées dans des conteneurs spéciaux.

Lis le texte et observe les différences parmi les mots écrits en rouge.

1 Recopie le tableau et classe les verbes en deux colonnes.

elle a compris — elle a cessé — il est parti — il a rencontré — il a inventé — elle a mis
il a perdu — il est venu — il a dormi — elle est devenue — il a trouvé — il est monté

Verbes conjugués avec avoir	Verbes conjugués avec être

2 Recopie le texte en choisissant les verbes conjugués au passé composé dans les étiquettes.

Christophe Colomb **voyagea** / **a voyagé** à bord d'une caravelle.
Il **a navigué** / **naviguait** pendant de longs mois. Il **découvre** / **a découvert** un nouveau continent.
Il **a rapporté** / **rapportera** des plantes nouvelles : les pommes de terre !

3 Recopie et complète avec a ou est.

La rivière … débordé. Elle … sortie de son lit.
Elle … recouvert le chemin.
Elle … passée au-dessus du mur. Elle … noyé une partie du garage. Tout le jardin … été abîmé.
Puis, l'eau … disparu en quelques heures.
La rivière … redevenue tranquille.

4 Recopie les phrases en accordant le verbe avec le sujet.

Sophie est venu… .
Anne et Sophie sont venu… .
Dimitri est venu… .
Dimitri et Gaétan sont venu… .
Luc et sa mère sont venu… .

Au passé composé, le verbe comporte deux mots. S'il est conjugué avec le verbe être, il faut l'accorder avec le sujet.

- **Verbe rêver** : *j'**ai** rêvé, tu **as** rêvé, il **a** rêvé, nous **avons** rêvé, vous **avez** rêvé, ils **ont** rêvé.*
- **Verbe aller** : *je **suis** allé (m), je **suis** allée (f), tu **es** allé (m), tu **es** allée (f), il **est** allé, elle **est** allée, nous **sommes** allé(e)s , vous **êtes** allé(e)s, ils **sont** allés, elles **sont** allées.*

Peut-on protéger

La nature qui nous entoure est nécessaire à notre vie. Mais parfois les hommes ne la respectent pas.
La pollution abîme notre environnement et nuit à notre santé.

Cette cigogne est prise au piège d'un sac en plastique.

Des richesses importantes

Les hommes sont de plus en plus nombreux. Ils utilisent de plus en plus les ressources naturelles de la Terre : eau, pétrole, gaz, métaux, sable, argile…

Cette usine pollue l'air avec ses fumées.

Des ressources à préserver

Les rejets des usines et les gaz d'échappement des voitures polluent l'eau et l'air. Les déboisements et l'exploitation excessive des ressources naturelles appauvrissent et abîment notre planète.

Sauvez la Terre !

Plusieurs pays ont décidé de protéger l'environnement. Ils ont voté des lois pour réduire la pollution, protéger la nature, préserver les ressources naturelles et recycler les déchets.

l'environnement ?

De bonnes habitudes

Chacun doit apprendre à ne pas jeter les déchets n'importe où, et trier les ordures ménagères car certaines sont recyclables. Il faut économiser l'eau et utiliser moins de produits toxiques (engrais, pesticides). Il vaut mieux se déplacer plus souvent à vélo et moins en voiture...
De petits efforts pour beaucoup de résultats !

Ce logo signale les matériaux recyclables.

recycler
Donner une nouvelle vie à ce que l'on jette. Le papier, le verre, le métal peuvent être réutilisés pour fabriquer de nouveaux objets.

déboiser
Arracher les arbres d'une terre ou d'un bois.

Le sais-tu ?

En 1884, Eugène Poubelle, préfet de Paris, a rendu obligatoire l'usage d'un récipient pour rassembler les déchets. La poubelle était née !

Tourterelle

Roucou, roucou,
roucoucou,
roucoucoulait d'amour perdu
la tourterelle
au bois d'amour
que ravageait
un bulldozer rouge
aux dents de fer.

Jean Joubert
L'Amitié des bêtes
L'école des loisirs

Ateliers d'écriture

Atelier 1 : Apporte une carte postale. Décris le paysage en quelques phrases.

Atelier 2 : Réalise une affiche pour encourager les gestes utiles à la protection de l'environnement.
(Choisis ton thème : l'eau, l'air, les déchets...)

Atelier 3 : Des bulldozers arrivent pour détruire la forêt. Les animaux veulent les en empêcher. Raconte comment ils s'organisent.

À quoi servent tous ces écrits qui nous entourent ?

Document C

Document B

terrestre

L'intérieur d'une termitière

une tente (NOM)
Petit abri de toile. *Les campeurs ont monté leur **tente** au bord de la rivière.*

tenter (VERBE)
1. Faire quelque chose avec l'espoir de réussir.
*Les alpinistes **ont tenté** d'atteindre le sommet de la montagne, mais ils n'ont pas réussi.*
2. Donner une envie.
*Le gâteau au chocolat **a tenté** tous les invités.*

une tenue (NOM)
1. Manière de se conduire.
*Papa se fâche quand David a une mauvaise **tenue** à table.*
2. Manière de s'habiller.
*Kevin a mis une **tenue** de sport pour aller faire du vélo.*

une terminaison (NOM)
Dernière partie d'un mot.
*La **terminaison** d'un verbe change quand on le conjugue : je chante, tu chantes, nous chantons.*

terminer (VERBE)
Finir. *Cette histoire **se termine** bien.*

le terminus (NOM)
Dernier arrêt d'un bus ou d'un train.
*Nous sommes arrivés au **terminus**, le train ne va pas plus loin.*

un termite (NOM)
Petit insecte qui vit en groupe.
*Cette vieille poutre est rongée par les **termites**.*

une termitière (NOM)
Grand tas de terre construit par les termites et qui leur sert de nid.

terne (ADJECTIF)
Qui n'a pas d'éclat.
*Il faut astiquer ce vase en cuivre : il est devenu tout **terne**.*

un terrain (NOM)
Espace d'une certaine étendue.
*Nos voisins ont acheté une maison avec un grand **terrain** autour.*

une terrasse (NOM)
Plate-forme qui se trouve sur un bâtiment ou tout à côté.
*S'il fait beau, on s'installera à la **terrasse** du café.*
➜ Regarde page 320 : **la maison**.

la terre (NOM)
1. **La Terre :** la planète où nous vivons.
*La **Terre** tourne autour du Soleil.*
2. Surface sur laquelle nous marchons.
*Après un long voyage en mer, les marins étaient heureux de retrouver la **terre**.*
3. Matière qui forme le sol.
*Le jardinier creuse un trou dans la **terre** pour planter un arbre.*

terrestre Cherche à **globe**.

? Rébus.

a b c d e f g h i j k l m n o p q r s **t** u v w x y z

513

Observe

Document A

L'ESPACE

		2
1	Représenter la classe	4
2	Représenter le quartier	6
3	Les hommes bâtissent	8
4	Les hommes travaillent	10
5	Les hommes se déplacent	12
	…straient	14
	…epérer	16
	…éplacer	18
	…e	20
	…s qu'il fait	22
		24
	…ironnement	26
	…lobe	28
	…onde	30
	…vers le monde	

Document D

Lyon, le 4 avril

Chère Lisa,

Je suis ravie de partir en randonnée avec mes parents. Nous allons passer quelques jours dans le parc de la Vanoise.

J'aime cet endroit calme, à l'abri des voitures.

J'espère apercevoir des chèvres sauvages ou peut-être un aigle royal !

Je te raconterai tout à mon retour...

Je t'embrasse,

Florence

Document E

Document F

- Observe tous ces documents.

Rhinocéros

Ah ! la gadoue ! la gadoue ! la gadoue !
Mettez vos bottes ! mettez vos bottes !
Ah ! la gadoue ! la gadoue ! la gadoue !
Ce qu'on aimerait être
Des rhinocéros !

Document G

Recherche

Classe les écrits de la double page en différentes familles.

Famille 1 : ceux qui comportent des illustrations.
Famille 2 : ceux qui sont écrits à la main.
Famille 3 : ceux que tu peux recevoir à la maison.
Famille 4 : ceux qui ont un texte présenté en colonnes.
Famille 5 : ceux qui comportent une date.
Famille 6 : ceux que tu peux emprunter à la bibliothèque.

1 **Recopie la liste en indiquant pour chacun la lettre qui correspond au document.**

une lettre → Document E

un dictionnaire	un livre documentaire	un recueil de poésies
un écriteau	un livre de recettes	un journal
un album	une bande dessinée	un sommaire

Document H

LES SALADES

LA TOMATE ÉVENTAIL ♣♣

Les ingrédients (pour 1 personne)
- 1 tomate
- 1 tronçon de concombre
- 2 pointes d'asperges
- 2 rondelles d'œuf dur
- 1 tranche de jambon
- 1 tranche de mozzarella

1 Entaille la tomate en tranches dans le sens de la largeur, à l'aide d'un petit couteau, sans couper les tranches jusqu'au bout. Découpe le concombre en rondelles.

2 Découpe deux carrés de jambon de 5 cm de côté. Roule-les sur eux-même. Découpe en rondelles la mozzarella et l'œuf dur.
Intercale-les entre chaque tranche de tomate avec le concombre, les pointes d'asperges, les rondelles d'œuf et la mozzarella.

3 Assaisonne d'une sauce à base de fromage blanc ou d'une vinaigrette de ton choix.

17

Atelier

- Indiquez quel type d'écrits vous pouvez utiliser pour :
  - vous informer ;
  - vous distraire ;
  - vous instruire (apprendre quelque chose de nouveau) ;
  - faire quelque chose.

Document I

Tous les écrits qui t'entourent ne servent pas tous à la même chose.
Ils servent à :
- **t'informer** (les affiches, les journaux, le courrier…) ;
- **t'instruire** (les manuels de classe, les documentaires, les dictionnaires…) ;
- **te distraire** (les albums, les romans, les BD, les contes…) ;
- **te faire agir, t'expliquer** (les recettes, les modes d'emploi, les règles du jeu…).

À quoi sert un

Quel temps fait-il ce matin ?
Regarde dehors et observe le ciel.
Le thermomètre extérieur t'aide à connaître précisément la température.
Tu sauras alors si tu dois mettre ton gros manteau…

Observe un thermomètre

Le thermomètre sert à mesurer la température. C'est un tube allongé qui contient un liquide coloré. Plus il fait chaud, et plus le liquide monte dans le tube. Les graduations permettent de lire la température qui est indiquée en degrés.

Ici, le thermomètre indique 18 °C.

Une belle journée d'été.
Il fait 34 °C.

Chaud…

La température extérieure varie selon les moments de la journée et les saisons. En été, la température peut monter au-dessus de 30 °C.

Brr ! N'oublie pas tes gants !
Il fait – 6 °C.

… ou froid ?

En hiver, la température extérieure descend souvent en dessous de 0 °C.

thermomètre ?

Ce thermomètre date de 1780.

▶ La température de ton corps

Elle doit toujours être la même.
Quand tu as chaud, ton corps réagit, tu perds de l'eau par les pores de la peau : tu transpires.
Quand tu as froid, certains muscles de ton corps se contractent pour te réchauffer : tu frissonnes.
Quand tu as de la fièvre, la température de ton corps s'élève de quelques degrés pour détruire les microbes qui n'aiment pas la chaleur.

Le sais-tu ?

L'astronome et physicien Suédois Anders Celsius a créé en 1742 l'échelle des températures Celsius, graduée de 0 à 100.

Atelier

- À quoi sert un thermomètre ?
- Pourquoi y a-t-il des graduations ?
- Comment le corps humain réagit-il à des températures trop chaudes ou trop froides ?
- De quand datent les degrés Celsius ?

la température

La température se mesure en degrés Celsius (°C) avec un thermomètre.

Vocabulaire

Objectif : Reconnaître et utiliser les adverbes.

Les adverbes : des mots pour préciser

Observe

Le mois de mars a battu des records

Le mois de mars a été **très** chaud et **très** ensoleillé.
Il a été aussi **trop** sec : il n'a pas **assez** plu.
La moyenne des températures est **plutôt** élevée, atteignant **presque** 15 °C : c'est une température **beaucoup plus** chaude que l'an dernier.
La durée d'ensoleillement a été **particulièrement** longue, elle dépasse de 100 heures la durée mensuelle normale.

Lis le texte et observe les mots écrits en vert. Repère les mots pour lesquels ils apportent des précisions.

1 Relis le texte sans lire les mots en vert. Réponds à ces deux questions.

- Les mots en vert peuvent-ils être supprimés ?
- Qu'est-ce que cela change ?

2 Recopie et relie les contraires.

Il travaille beaucoup. •	• Il travaille lentement.
Il ne travaille pas assez. •	• Il travaille peu.
Il travaille rapidement. •	• Il travaille trop.
Il travaille salement. •	• Il travaille proprement.

3 Recopie et complète ces phrases avec très, un peu, assez, presque, rapidement.

Aujourd'hui, il fait … froid. Il neige … .
On pourrait … faire un bonhomme de neige.
Mais la neige risque de fondre … … .

4 Construis des mots terminés par ement et recopie-les.

tendre → tendrement
douce : …
habituelle : …
courageuse : …
claire : …
gaie : …
froide : …
drôle : …
brusque : …

On emploie des mots comme **très, beaucoup, plutôt, assez, trop, presque, particulièrement**… pour apporter des **précisions** :
*Il fait **très** chaud, il fait **trop** chaud, il fait **plutôt** chaud, il fait **particulièrement** chaud…*
*Il a plu **énormément**, il a plu **un peu**, il a **trop** plu…*

Objectif : Repérer les différents statuts de la lettre P.

La lettre p

Observe

Ni chaud ni froid

Sept petits éléphants ont trop chaud sous les tropiques
Sept poulettes claquent des dents dans l'Antarctique
Sept gros ours polaires trouvent le temps fantastique
Au zoo, les otaries et les phoques apprennent la musique !

Lis la poésie et classe en plusieurs catégories les mots où tu vois la lettre p.

1 Recopie le tableau et classe les mots en deux catégories.

le printemps – la température – septembre – septième – stop
une réponse – un champ – des champignons – un clip – beaucoup

J'entends [p]	Je n'entends pas [p] (la lettre p est muette)

2 Recopie en complétant les mots par f ou ph.

une ...otographie	une ...leur	une ...armacie	une gira...e	un ...are
la géogra...ie	un ...locon	un télé...one	...ondre	...abriquer
un ...énomène	un en...ant	une ...rase	un dé...i	l'atmos...ère
magni...ique	un sa...ir	Del...ine	une ...euille	le ...roid

3 Recopie les phrases en complétant les mots avec p ou pp.

Si tu sors sans ton échar...e, tu peux attra...er un bon rhume.
Utilise un thermomètre ...our ...rendre ta tem...érature.
Je suis tro... occu...é pour t'a...orter un verre de siro... !
On su...ose qu'il va neiger, on l'a a...ris par la météo.
Phili...e est ca...able de sortir sans son ...ull !

p	→	p	[p]	la température – prendre – un appartement
p ‿ h	→	ph	[f]	une photographie – téléphoner – un dauphin
p	→	p muet		trop – un champ – sept

Objectif : Savoir repérer et utiliser les déterminants.

Les déterminants

Observe

Aujourd'hui, le soleil brillera sur toute la France. Toute la journée, les températures seront agréables. Un vent léger soufflera sur une partie de la Provence. Des nuages feront leur apparition cette nuit sur l'ouest, mais ils se dissiperont au cours de la matinée. Ce beau temps durera plusieurs jours.

Lis le texte et observe bien les mots écrits en orange.

1 Choisis le déterminant qui convient et recopie ces mots en deux listes.

jour – journée – région – vent – pluie – température – chaleur – saison – thermomètre – froid – matin – matinée – brouillard – fièvre – graduation – frisson – météo

Liste 1 : le nom est féminin (je peux dire « la » devant le nom).

Liste 2 : le nom est masculin (je peux dire « le » devant le nom).

2 Recopie les mots et ajoute le déterminant qui convient : le, la ou les.

… carte … pôles … région … temps … tempête … pluies

… couleurs … vent … nuits … liquide … graduations … degrés

3 Recopie et souligne de la même couleur les deux déterminants qui vont ensemble (masculin et féminin).

un	ce	le	sa	la
ma	une	cette	mon	son

4 Recopie en choisissant l'étiquette du déterminant qui convient le mieux.

Un / Le vent souffle fort sur une / la mer. Des / Les bateaux avancent vite. – Ils ont les / des voiles de toutes des / les couleurs. – L' / Une écume vient remplir le creux des / les rochers. J'aime le / ce paysage marin. – J'ai déjà pris des / plusieurs photos.

Les petits mots écrits devant les noms s'appellent des **déterminants**.
Ils peuvent être **masculins**, **féminins** ou **pluriels**.

- Au masculin, on emploie : ***un*** *ballon*, ***le*** *ballon*, ***ce*** *ballon*, ***mon*** *ballon*, ***leur*** *ballon.*
- Au féminin, on emploie : ***une*** *maison*, ***la*** *maison*, ***ta*** *maison*, ***cette*** *maison*, ***notre*** *maison…*

Les déterminants du **pluriel** les plus utilisés sont **les** et **des**.

Objectif : Savoir utiliser les mots qui marquent la négation.

Les phrases négatives (2)

Observe

– Pleut-il encore ?
– Non, il ne pleut plus.
– Y a-t-il du soleil ?
– Non, il n'y en a pas.
– Vois-tu quelqu'un dehors ?
– Non, je ne vois personne ! Ah, si ! Voici le facteur.
Tu as commandé quelque chose ?
– Non, je n'ai rien commandé, nulle part. Je n'attends aucun colis.
– Non, il ne s'arrête pas. Je me suis trompée.

Lis le texte et repère les petits mots qui indiquent la négation dans les phrases.

1 Associe puis recopie avec des couleurs différentes les 5 paires de contraires.

toujours	rien	quelque chose	jamais	personne
quelque part	nulle part	encore	plus	quelqu'un

2 Écris le contraire.

- Léo a sommeil. → …
- Lauriane range **toujours** ses jouets. → …
- **Quelqu'un** a oublié son sac. → …
- Je trouve mes clés **quelque part**. → …
- Cet enfant s'intéresse à **tout**. → …

3 Écris le texte en complétant avec les mots : personne, jamais, pas, plus, rien.

Il ne neige presque … . Les flocons ne tombent … très longtemps par ici. Le froid a vidé les rues : il n'y a … sur les trottoirs ! La nuit est si noire qu'on n'y voit … ! Je ne vais … rentrer trop tard.

- Les phrases négatives ont toujours ne ou n' et un autre mot pour marquer la négation.
*Il **ne** pleut **pas**. Je **ne** mens **jamais**. Ma montre **ne** marche **plus**. Je **n'**en sais **rien**…*
- Si le verbe commence par une voyelle, on écrit n' : *Il **n'**a vu personne.*
- Parfois, on inverse les mots : ***Personne n'**est malade.*
***Aucun** homme **n'**a vu de dinosaure vivant.*

LA MATIÈRE

Quel temps fait-il ?

Le vent se lève et le ciel devient sombre... Le bulletin météo avait annoncé de l'orage pour cet après-midi !

Au printemps

En été

En automne

En hiver

Le baromètre mesure la pression de l'air.

Le temps change avec la saison

Au printemps, en été, en automne ou en hiver, le temps n'est pas le même. Les températures sont plus élevées en été qu'en hiver, et parfois, en mars ou en avril il tombe de la grêle...

Comment prévoir le temps ?

Pour prévoir les changements de temps, l'homme a inventé la météorologie, qui est la science des climats. Les météorologues réunissent des informations sur :

- la température ;
- la pression de l'air (plus la pression est haute, plus il fait beau) ;
- la direction et la force des vents ;
- les précipitations.

Le sais-tu ?

Pour prévoir le temps qu'il fera, 1 200 ballons-sondes sont envoyés dans l'atmosphère chaque jour dans le monde. Encore plus haut dans le ciel, 9 satellites observent la Terre 24 heures sur 24.

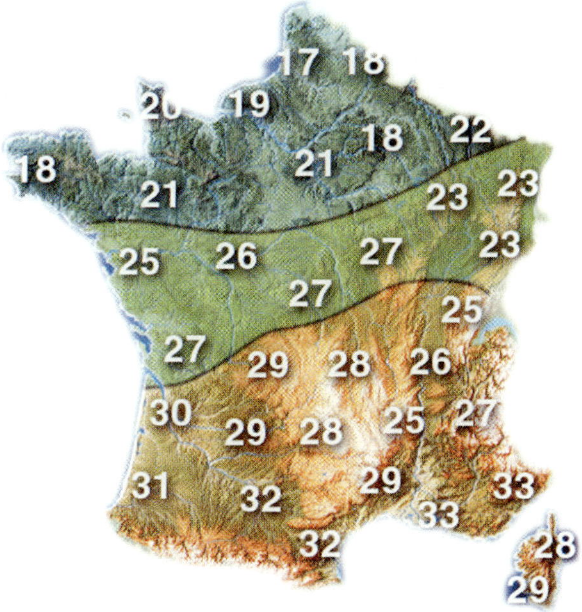

Une carte des températures.

▸ Le bulletin météo

Toutes les informations sont regroupées dans un ordinateur très puissant qui fait des calculs et établit le bulletin météo : c'est une prévision du temps pour les jours suivants.

Benjamin s'est égaré

Benjamin n'en croit pas ses yeux.
« Des flocons ! Voilà qu'il se met à neiger au printemps ! » s'exclame-t-il. Il neige de plus en plus fort. Les flocons dansent et tourbillonnent autour de lui, jusqu'à lui faire perdre la tête.
Maintenant, il est vraiment temps de rentrer, pense Benjamin. Mais par où repartir ? Où est le chemin ? La neige a tout recouvert d'un épais manteau blanc.

Benjamin s'est égaré
Wolfram Hänel, illustré par Alex de Wolf
Anders hat sich Verlaufen
1996, Nord-Süd AG

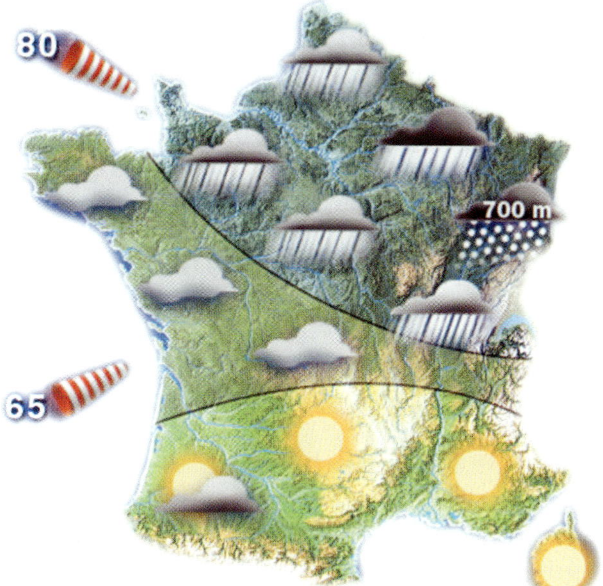

Une carte météo de la France.

le climat
C'est le temps qu'il fait dans une région précise. Par exemple, le climat aux pôles est plus froid que celui à l'équateur.

les précipitations
L'eau qui vient de l'atmosphère sous forme de neige, pluie, brouillard ou grêle.

Ateliers d'écriture

Atelier 1 : Recherche des bulletins météo dans les journaux. Rédige ensuite un bulletin météo à partir d'une carte.

Atelier 2 : Décris le temps qu'il fait en hiver, là où tu habites. Que fais-tu en hiver ?

Atelier 3 : Benjamin a perdu son chemin. Imagine comment il va rentrer à la maison.

Quelle énergie

Les objets qui nous entourent ont besoin d'énergie pour fonctionner. Dans certains cas, c'est toi qui apportes cette énergie en pédalant ou en tournant une manivelle. D'autres objets fonctionnent grâce à l'électricité.

À la force de tes muscles !

▶ L'ouvre-boîtes

L'ouvre-boîtes possède deux roues dentées. C'est un objet simple qui permet d'ouvrir les boîtes de conserve avec la seule force de la main.

▶ Le moulin à légumes

Autrefois, un grand nombre d'objets étaient actionnés à la main comme ce moulin à légumes mécanique, remplacé aujourd'hui par un robot électrique.

▶ Le vélo

En appuyant sur les pédales, le cycliste fait tourner la roue arrière par l'intermédiaire de la chaîne.
Pour moins se fatiguer, par exemple dans une côte, il peut changer de vitesse grâce aux plateaux et aux pignons.

pour ces objets ?

Vive l'électricité !

▶ La lampe de poche

La lampe de poche fonctionne grâce à une pile qui fournit du courant. Avec l'interrupteur, on allume l'ampoule, ou on l'éteint en coupant le courant électrique.

▶ La télévision

La télévision fonctionne aussi grâce à l'électricité. Une antenne reliée à la télévision capte les ondes envoyées par un émetteur. L'électricité les transforme en images sur le petit écran.

Le sais-tu ?

La plupart des satellites au-dessus de nos têtes ont de grands panneaux qui captent l'énergie solaire. Transformée en électricité, elle fait fonctionner le satellite.

Atelier

- Trouve plusieurs objets qui fonctionnent grâce à l'électricité.
- Imagine qu'il n'y ait plus d'électricité. Quels sont les objets que tu ne pourrais plus utiliser dans ta maison ?
- À quoi sert une lampe de poche ? Comment fonctionne-t-elle ?

l'énergie

Elle crée le mouvement, donne de la force, de la lumière... L'énergie se trouve dans la nature, par exemple dans l'eau, le pétrole, le gaz, et l'homme la transforme.

Objectif : Enrichir son vocabulaire et comprendre la formation des mots composés.

Les mots composés

Observe

Complainte du progrès

Ah… Gudule… Excuse-toi…
ou je reprends tout ça
Mon frigidaire
Mon armoire à cuillères
Mon évier en fer
Et mon poêle à mazout
Mon cire-godasses
Mon repasse-limaces
Mon tabouret à glace
Et mon chasse-filou
La tourniquette à faire la vinaigrette
Le ratatine-ordures et le coupe-friture…

Boris Vian – *Chansons* – Christian Bourgois Éditeur

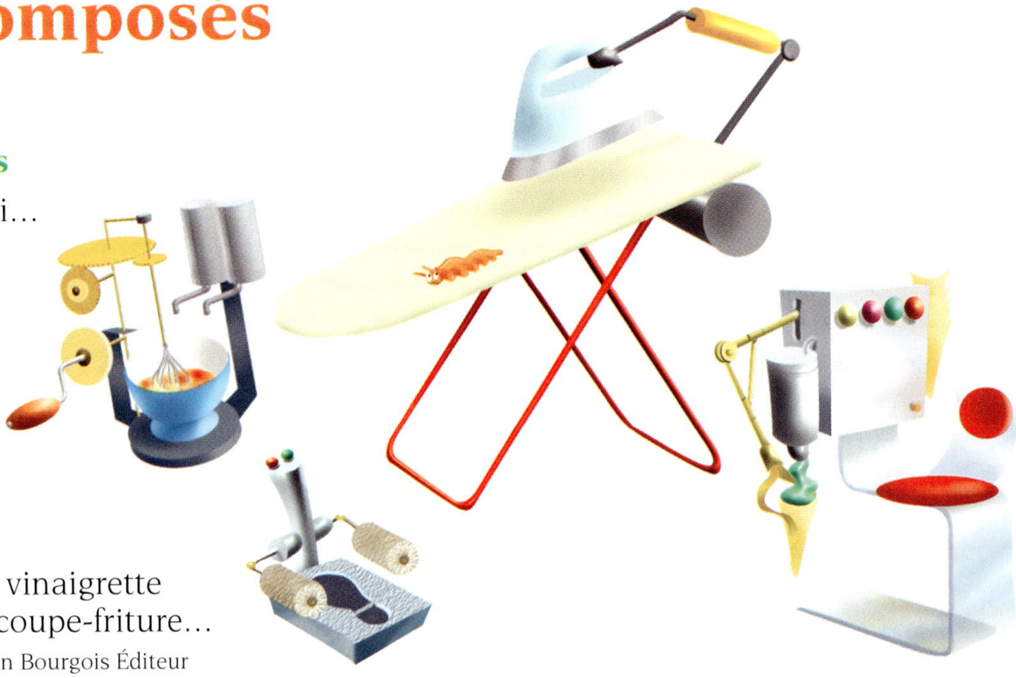

Lis le texte attentivement. Quels sont les objets qui existent et les objets inventés ? Où vois-tu des traits d'union ? À quoi peuvent servir *un cire-godasses, un repasse-limaces, un chasse-filou, un ratatine-ordures* et *un coupe-friture* ?

1 Trouve et écris les mots composés dont voici la définition.

Il sert à casser les noix → le casse-noix.

- Il sert à allumer cigarettes ou cigares → l' …
- Il sert à retirer le bouchon → le …
- C'est la vitre avant de la voiture → le …
- Il sert à mettre l'argent à l'abri des voleurs → le …

2 Écris le nom de ces objets. Ce sont des mots composés qui commencent tous par porte-.

Certains mots sont composés de plusieurs mots.
On relie ces mots par un trait d'union pour indiquer qu'ils ne forment qu'un seul nom : *un cerf-volant, un martin-pêcheur, un arc-en-ciel.*

Objectif : Repérer les différents statuts de la lettre S.

La lettre s

Observe

Ode à la maison abandonnée

Maison, au revoir !
Je ne peux pas te dire
Quand nous reviendrons :
Demain ou pas demain,
Plus tard ou beaucoup plus tard. [...]
Maintenant, au revoir, fenêtre, porte, feu,
Eau qui bout, mur !

Au revoir, au revoir, cuisine,
Jusqu'à notre retour,
et que l'horloge au-dessus de la porte
de nouveau palpite avec son vieux cœur
et ses deux flèches inutiles
fichées dans le temps.

Pablo Neruda – Trad. J.-F. Reille – *Troisième livre des odes* – Gallimard

Lis la poésie et classe les mots où tu vois la lettre s en plusieurs catégories.

1 Classe ces mots dans le tableau et recopie-les.

une valise – un saladier – une brosse – une chemise – des baskets – un classeur – une chaise – une assiette – une ardoise – une chose – un savon – un trésor – la télévision – un magnétoscope

J'entends [s] (comme dans tissu)	J'entends [z] (comme dans maison)

2 Complète chaque phrase en choisissant le mot qui convient.

- Nous irons chez nos **coussins** / **cousins** dimanche prochain.
- Il y a beaucoup d'arêtes dans ce **poisson** / **poison**.
- Cette vieille voiture est bonne pour la **casse** / **case** !
- Pour te faire pardonner, donne-moi un **baisser** / **baiser** .

3 Recopie et complète les mots avec s ou ss.

une ta...e — un e...calier — une trou...e — un ma...que — un fer à repa...er
une ca...quette — des chau...ures — un di...que — une cai...e — de la vai...elle

4 Recherche et écris des mots qui se terminent toujours par un s, même au singulier. Vérifie l'orthographe dans un dictionnaire.

s	→	s	[s]	le sucre – une assiette – un espace
s (entre deux voyelles)	→	s	[z]	une maison – la pelouse – un arrosoir
s ‿ h	→	sh	[ʃ]	un tee-shirt – un short – un shérif
s	→	s muet		trois ballons – tu vas – le temps

Grammaire

Objectif : Identifier et utiliser les phrases interrogatives.

Les phrases interrogatives

Observe

Alicia n'aime pas être dans le noir. Elle allume toujours sa lampe. Elle regarde la lumière et se demande : **Comment** ça marche l'électricité ? **Pourquoi** l'ampoule brille-t-elle ? **Qu'est-ce qui** fait briller le petit filament ? **En quoi** est-il fait ? **Y a-t-il** de l'air dans l'ampoule ? **Pourquoi** est-elle chaude ? **Combien** de temps peut-elle briller ? **Que** se passe-t-il quand j'éteins ? Une pile **est-elle** cachée dans le pied de ma lampe ?... Tant et tant de questions qu'à la fin, Alicia s'endort.

Observe les mots écrits en orange. Explique comment les questions sont formées.

1 Relie chaque question à la réponse qui convient. Recopie-les.

À quoi sert une règle ?	Elle est en plastique.
En quoi est-elle faite ?	Elle sert à tracer et à mesurer.
Comment est-elle graduée ?	C'est une règle de 20 cm.
Qu'est-ce qu'un double décimètre ?	Elle indique les millimètres et les centimètres.

2 Complète et écris chaque question avec un mot interrogatif.

- ... t'appelles-tu ?
- ... veux-tu ?
- ... âge as-tu ?
- ... ris-tu ?
- ... habites-tu ?
- ... te fait rire ?

3 Lis le problème et écris quatre questions que l'on peut poser.

Problème

Marc possède 20 euros. Il dépense 2 euros pour un stylo et 16 euros pour deux BD.

4 Inverse sujet et verbe comme dans le modèle.

il vient → vient-il ?

elle dort : ... tu manges : ... il rêvait : ...
on finit : ... elles rangent : ... il finit : ...

**Une question s'écrit toujours avec un point d'interrogation à la fin de la phrase.
Pour poser une question, on peut :**

- **remplacer le . par ? sans modifier la phrase :** *Tu viens ? L'ampoule est chaude ?*
- **inverser le sujet et le verbe :** *Viens-tu ? L'ampoule est-elle chaude ?*
- **employer des mots interrogatifs :** ***où, comment, pourquoi, combien, est-ce que, quand, avec quoi, quel...***

L'infinitif

Observe

À quoi une télécommande sert-elle ?

Une télécommande sert à **commander**, à **donner** des ordres à distance.
La télécommande d'un téléviseur permet d'**allumer** ou d'**éteindre** le poste, de **choisir** les chaînes, de **monter**, **baisser** ou **couper** le son, de **régler** la luminosité des couleurs, de **faire défiler** rapidement tous les programmes.

Observe les mots du texte écrits en rouge. Sont-ils conjugués ? Sous quelle forme sont-ils écrits ?

1 Écris les verbes en rouge à l'infinitif.

Julia regarde la télévision. → regarder

- Elle **adore** les dessins animés. → ...
- Mais son frère **préfère** le sport. → ...
- Il n'**arrête** pas de changer de chaîne. → ...
- Sa sœur s'**énerve** et lui **confisque** la télécommande. → ...

2 Transforme les consignes en conjuguant les verbes.

Réaliser une expérience. → Je réalise une expérience.

Réunir des objets. **Remplir** une bassine d'eau. **Poser** les objets sur l'eau. **Garder** ceux qui flottent. **Repêcher** ceux qui coulent au fond de l'eau. **Classer** les objets en deux catégories.

3 Trouve et recopie l'intrus de chaque liste.

- voir – asseoir – avoir – valoir – arrosoir décevoir – recevoir – apercevoir
- coller – plier – décorer – papier – attacher – relier
- finir – rougir – soupir – obéir – bâtir – sentir
- entendre – cendre – descendre – prendre tendre – vendre

4 Recopie les expressions en les complétant avec les verbes : coucher, coudre, manger, repasser, frire, découper.

- une machine à ...
- une chambre à ...
- une planche à ...
- une salle à ...
- une table à ...
- une poêle à ...

Quand le verbe n'est pas conjugué, il est à l'infinitif. Dans un dictionnaire, les verbes sont présentés à l'infinitif. On utilise l'infinitif dans les recettes et les modes d'emploi. On peut aussi le trouver derrière les petits mots à, de, pour :
*une planche **à** découper ; il est interdit **de** courir ; voici des feutres **pour** colorier.*

Qu'est-ce que

Lampes, radiateurs, jouets, télévisions, ordinateurs, robots… La plupart des objets qui nous entourent fonctionnent grâce à l'électricité.

Une batterie de piles solaires

Une énergie qui circule

L'électricité se déplace dans certaines matières comme le métal ou l'eau salée. Ces matières qui laissent passer le courant électrique sont de bons conducteurs. D'autres matières, comme le bois, le plastique ou le verre ne laissent pas ou presque pas passer le courant électrique : ce sont des isolants ou de mauvais conducteurs.

Qui fournit l'électricité ?

Le courant électrique est essentiellement produit par des centrales. Mais on utilise aussi des piles, des batteries… Les piles produisent du courant grâce à une réaction chimique, ou aussi à partir de l'énergie solaire.

Voici le trajet de l'électricité jusqu'à ta maison.

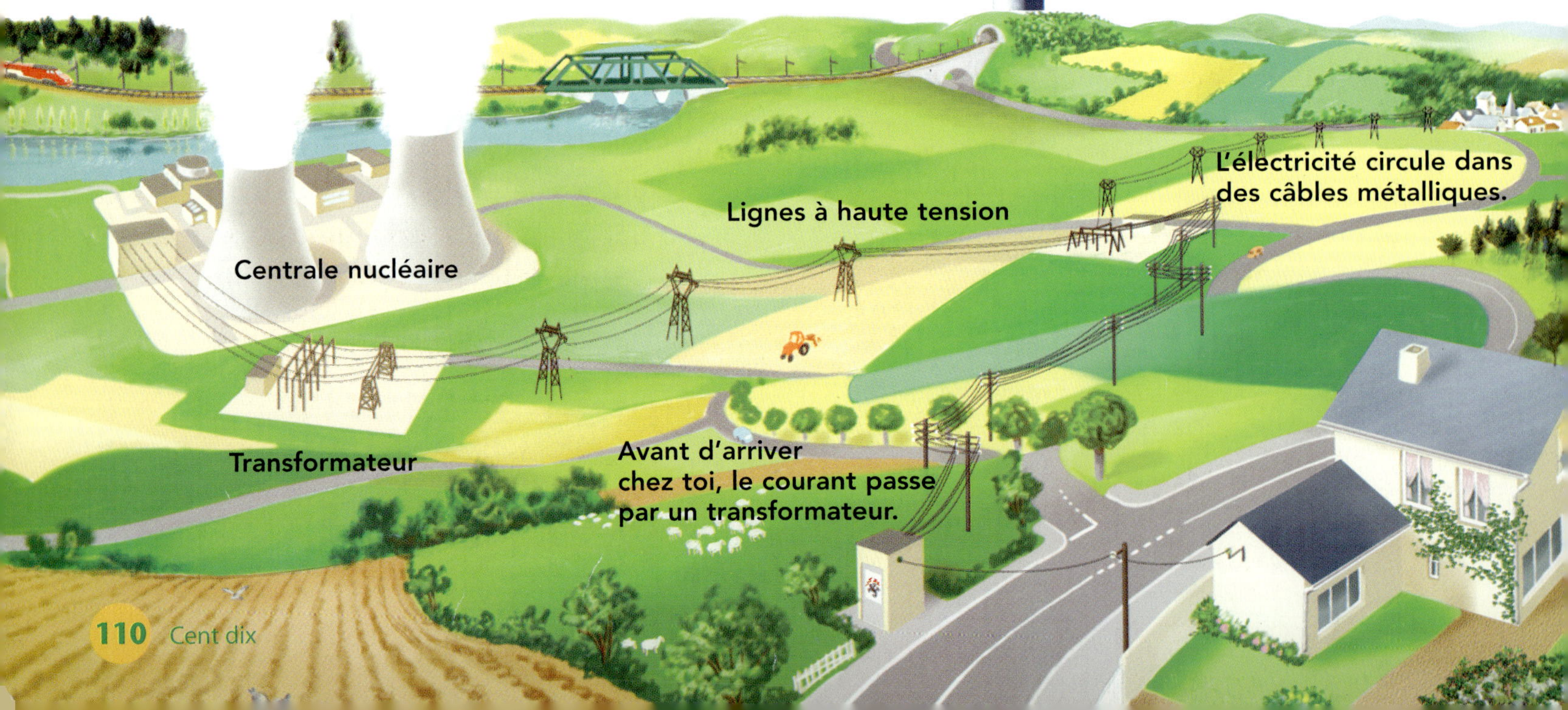

l'électricité ?

Les dangers de l'électricité

L'électricité est un phénomène dangereux qui peut tuer. Tu ne dois jamais jouer avec les prises de courant. Pendant un orage, les éclairs sont des décharges électriques très puissantes qui peuvent provoquer des dégâts importants.

Le sais-tu ?

L'inventeur de la pile, Alexandre Volta, était Italien. Il fut le premier à produire du courant électrique en 1800.

Une curieuse voiture électrique !

une centrale
Lieu où l'on produit de l'électricité.

un transformateur
Appareil qui rend l'électricité moins dangereuse en changeant sa puissance.

Ateliers d'écriture

Atelier 1 : Raconte comment fonctionne un radiateur électrique.

Atelier 2 : Rédige les questions que tu te poses sur le fonctionnement d'une voiture électrique.

Pense à relire la page 108 pour écrire des phrases interrogatives.

Atelier 3 : Fais la liste des matières ou des objets qui peuvent être bons conducteurs d'électricité.

Voleurs

Avant, j'avais peur des voleurs. Toutes les nuits je les entendais fouiller dans mon placard. Vite, j'allumais ma lampe de chevet, mais c'était toujours trop tard. Ils sentaient tout de suite que j'étais réveillé, et ils filaient sans laisser de traces.

Bernard Friot
Nouvelles histoires pressées
Coll. Poche Junior – Éditions Milan

Comment présenter un schéma ?

Avec des flèches ou des traits

Observe

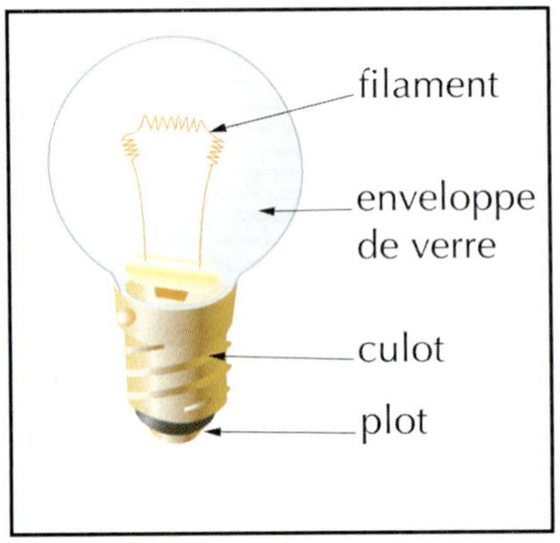

Une ampoule électrique

- **Observe ces deux schémas.**

Recherche

Réponds aux questions.

- Les deux schémas ont-ils un titre ?
- L'ampoule et le vélo sont-ils montrés en entier ?
- Quelles sont les parties visibles sur les deux schémas ?
- Quels sont les mots que tu ne connais pas ?
- Si tu ne connais pas le sens d'un mot, comment le schéma t'aide-t-il à le deviner ?
- Peux-tu comprendre de quoi il s'agit ? Comment ?

1 **Reproduis sur ton cahier le schéma de l'ampoule avec les traits (tracés à la règle) et les mots.**

Atelier

- Trouvez dans ce livre le schéma qui montre l'intérieur d'une lampe de poche et expliquez comment il est présenté.
- Cherchez d'autres schémas dans ce livre et comparez-les entre eux.

Avec des numéros

Observe

Fonctionnement d'une centrale électrique

❶ **barrage** ❷ **lac** de retenue de l'eau ❸ **conduite :** elle amène l'eau du barrage dans la vanne ❹ **vanne :** on ouvre plus ou moins ce gros robinet selon la quantité d'eau désirée ❺ **turbine :** l'eau de la vanne fait tourner la turbine. La turbine entraîne l'alternateur ❻ **alternateur :** il produit du courant électrique ❼ **rivière :** elle est formée par l'eau qui ressort en bas des turbines et en bas du barrage.

Repère comment on donne les informations dans ce schéma.

Recherche

Réponds aux questions.

- À quels numéros les mots **vanne**, **turbine** et **alternateur** correspondent-ils ? Trouve-les sur le schéma.
- Comment fait-on pour comprendre le fonctionnement d'une centrale électrique avec ce schéma ?
- Observe le schéma et la légende. Explique ce que tu comprends.

2 À l'aide des légendes, écris quelques phrases pour expliquer comment fonctionne une centrale électrique.

3 Observe le schéma du cycle de l'eau, page 26, et dis si tu peux y placer des légendes avec des numéros.

Pour présenter les différentes parties d'un objet, on fait un **schéma** : c'est un **dessin simplifié**. Le texte qui accompagne le schéma s'appelle la **légende**. Les différentes **parties** de l'objet sont reliées à leurs noms par des **flèches** ou des **traits**. On peut aussi les repérer avec des **numéros**. La légende donne parfois des **explications**.

Module 13
LE VIVANT

Comment

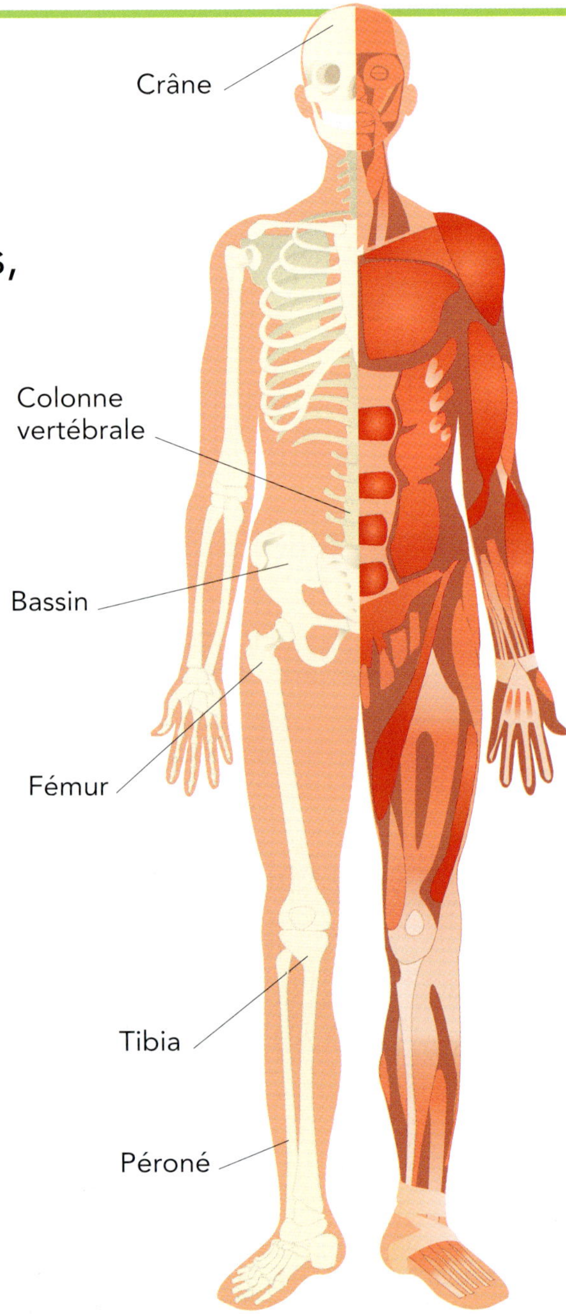

Sans t'en rendre compte, tu bouges tout le temps. Certains mouvements sont volontaires comme tendre le bras, sauter… d'autres sont involontaires, comme cligner des yeux.
Pour que tu puisses bouger, plusieurs éléments de ton corps travaillent ensemble.

Le squelette

Ton corps est constitué d'organes, de muscles, de peau… et d'os.
Les os sont rigides et solides pour soutenir tous les éléments du corps. L'ensemble des os du corps est appelé le squelette.

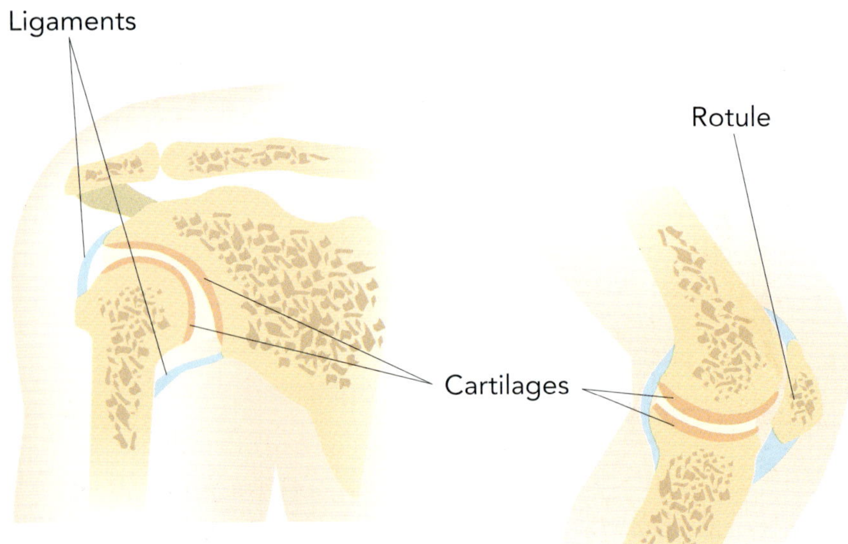

L'articulation de l'épaule te permet de bouger le bras dans plusieurs directions.

L'articulation du genou te permet de plier ou de tendre ta jambe.

Les articulations

Le coude, le genou, la hanche et l'épaule sont des articulations qui te permettent de bouger les bras et les jambes dans plusieurs directions.

bouges-tu ?

contracter
Diminuer de longueur.

▸ Les muscles

Les articulations seules ne suffisent pas pour bouger. Ce sont les muscles qui produisent le mouvement. Par exemple, pour plier le bras, tu utilises un muscle qui s'appelle le biceps. Ce muscle se contracte : il devient plus court et soulève l'avant-bras.

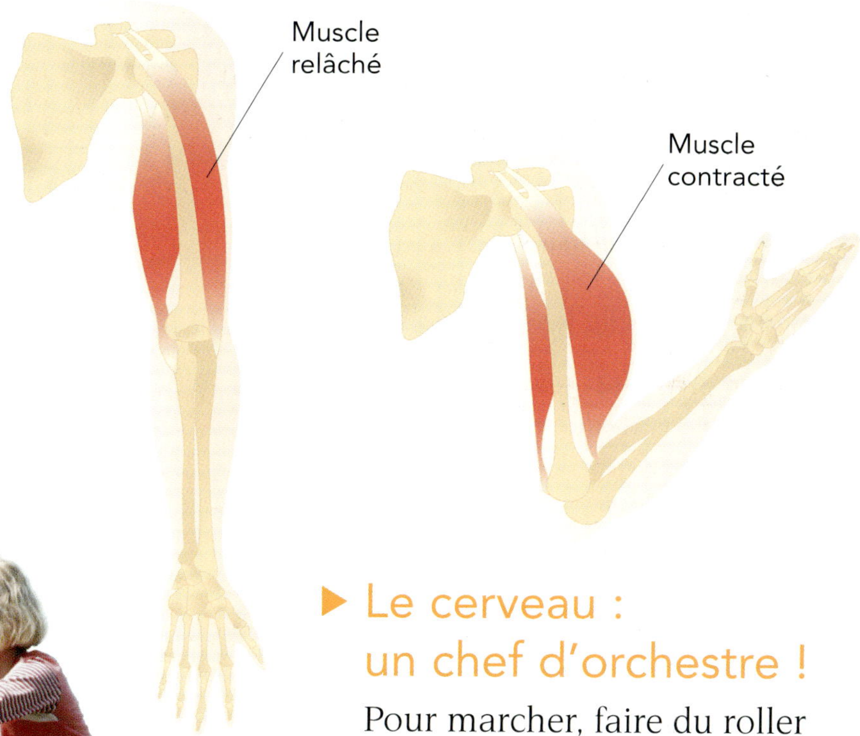

▸ Le cerveau : un chef d'orchestre !

Pour marcher, faire du roller ou de la planche à voile, il faut que certains muscles se contractent dans un ordre bien précis, sinon… gare à la chute ! Ton cerveau donne ces ordres sans que tu t'en aperçoives.

Atelier

- Comment s'appelle l'ensemble des os du corps ?
- À quels endroits ton corps peut-il se plier ?
- À quoi servent les articulations ? et les muscles ?
- Quel organe commande les muscles ?

Le sais-tu ?

Notre corps possède plus de 200 os qui forment le squelette. Environ 620 muscles permettent les mouvements. Le cœur, qui fait circuler le sang… est lui aussi un muscle !

Objectif : Comprendre le sens figuré des expressions et les utiliser à bon escient.

Les expressions imagées

Observe

Igor a souvent **la tête dans les nuages** et cela agace sa maman : « Arrête de te **tourner les pouces** ! Viens faire tes devoirs ! »
Quand Igor mange trop, son père dit : « Arrête, tu as **les yeux plus gros que le ventre** ! »
Alors, pour qu'on ne lui **casse** plus **les oreilles**, l'enfant **prend ses jambes à son cou** et file **donner un coup de main** à sa sœur qui ramasse les feuilles dans le jardin.

• **Lis le texte. Que veulent dire les expressions écrites en orange ?** •

1 Recopie et relie les expressions qui vont ensemble.

se frotter les mains •	• être très généreux
avoir le cœur sur la main •	• se réjouir
mettre sa main à couper •	• aider
donner un coup de main •	• être sûr

2 Choisis le mot qui convient et recopie ces expressions complètes.

oreille - talons - cheveu - langue - tête

- avoir un … sur la langue
- donner sa … au chat
- faire la sourde …
- avoir l'estomac dans les …
- faire la …

3 Recopie et complète chaque expression avec la couleur qui convient.

vert – rose – rouge – noir – jaune – bleue

avoir une peur … – broyer du … – rire …
voir la vie en … – être … de peur – se fâcher tout …

4 Écris les définitions en les complétant avec les verbes proposés.

s'énerver – ennuyer – tomber – aimer – être triste – s'enfuir

- se casser la figure, c'est …
- tenir la jambe, c'est …
- avoir le cœur gros, c'est …
- s'arracher les cheveux, c'est …
- avoir un coup de cœur, c'est …
- prendre ses jambes à son cou, c'est …

On utilise des expressions imagées pour exprimer une idée. Les mots ne sont pas employés dans leur sens habituel : « *tu me casses les pieds !* » veut dire « *tu m'agaces* » ; « *se frotter les mains* » signifie « *se réjouir* » ; « *en faire une montagne* » veut dire « *exagérer* »…
Beaucoup de ces expressions sont construites avec des mots qui désignent une partie du corps : les mains, le cœur, les pieds, les jambes…

La lettre t

Observe

Le musicien martien

Quand Wyzouki le Martien
S'assit au piano,
On admira sa virtuosité.
Liszt lui-même n'aurait pas fait si bien !
Décidément, c'est très utile
D'avoir sept doigts à chaque main.

Jacques Charpentreau – *Poésie en jeu* – Les Éditions de l'Atelier

Lis la poésie. Classe les mots où tu vois la lettre t en plusieurs catégories.

1 Recopie les mots en deux listes.

nous nous battions – un engin spatial – Bastia – la patience – un Martien – je tiens – la ponctuation – essentiel – Christian – mes initiales – une question

Liste 1 : j'entends [t]. **Liste 2** : j'entends [s].

2 Recopie les mots dans lesquels tu entends [t].

un pot – la compote – huit – un fruit – il fait – au fait ! – il s'assit – un site – le mollet – la mallette – il écrit – l'écriture – un biscuit – elle est cuite – le granit – il finit – sept – il promet

3 Recopie et complète les mots avec t ou tt.

la ...ê...e	le men...on
des fosse...es	le ven...re
des na...es	le ...alon
la poi...rine	la beau...é
des queno...es	une cô...e

4 Recopie chaque phrase avec les mots qui conviennent.

position – articulation – audition – action – sensation – locomotion.

Le coude est une ... . – L'... de se déplacer, de marcher s'appelle la ... . – Se tenir bien droit permet d'avoir une bonne ... . – Bien entendre, c'est avoir une bonne ... . La peau transmet la ... du chaud et du froid.

t	→	t ou tt	[t]	la tête – une recette – toujours – huit
t ‿ i	→	ti	[sj]	une addition – un engin spatial – une action
t	→	t muet		une dent – vert – il sourit

Grammaire

Objectif : Savoir identifier les adjectifs et comprendre leur fonction.

Les adjectifs

Observe

Jules et son chapeau magique

Jules est un **drôle** de bonhomme, tout **grand**, tout **maigre** et tout **moustachu**.
Il habite une **petite** chambre, là-haut, sous les toits, avec Théodule, son ami le chat.
Un jour, il trouva sur sa table un chapeau **fleuri** !
« Qu'est-ce que c'est que ça ? dit-il, et il ajouta : Personne n'a pu oublier ce chapeau chez moi, il est donc venu tout seul... C'est sûrement un chapeau **magique** ! »

Annegert Fuschshber – *Jules et son chapeau magique* – Nathan

Observe bien les mots écrits en violet. Retrouve à quels noms ces adjectifs sont associés.

1 Recopie et entoure les adjectifs (ils peuvent être devant ou derrière le nom).

un grand garçon	des yeux bleus	des cheveux noirs
un joli visage	de longues jambes	des dents blanches
un petit nez retroussé	de longs cheveux blonds	des beaux petits pieds

2 Observe ce dessin. Trouve les adjectifs que l'on peut employer pour décrire cet enfant.

3 Classe ces adjectifs en plusieurs catégories et trouve un nom pour chacune.

petit – rouge – énorme – carré – blanche – rectangulaire – orange – ronde – rousse – grand – minuscule – grise – triangulaire – vert – géante – étroit

Les **adjectifs** sont **associés à un nom**. Ils servent à donner des renseignements :
*Un enfant **gai**, un **petit** enfant, un enfant **sage**, un enfant **endormi**...*
L'adjectif peut être placé **derrière** le nom ou **devant** le nom.
L'adjectif **s'accorde** avec le nom : *une petite fille, des petites filles, des petits garçons.*

Objectif : Identifier les formes conjuguées d'un même verbe et les utiliser.

Les verbes changent

Observe

Léo qui **est** l'arbitre de la course se poste à l'arrivée.
– Je **suis** prêt, crie-t-il. Préparez-vous !
– Nous **sommes** prêts aussi ! répondent les coureurs.
– Vous n'**êtes** pas tous sur la même ligne. Marine **est** trop en avant !
– C'**est** vrai, tu **es** mal placée, recule ! dit Boris à Marine.
Enfin, tous les coureurs **sont** bien alignés. Ils s'élancent au signal. Alice gagne.
Les autres ronchonnent :
– C'**était** sûr ! Elle **est** la meilleure.
– Elle **a** toujours **été** la plus rapide !

Lis le texte et observe les mots écrits en rouge. De quel verbe s'agit-il ?

1 Écris la conjugaison du verbe être.

je …	tu …	il ou elle …
nous …	vous …	ils ou elles …

2 Écris les pronoms pour le verbe avoir.

… ai	… avons	… avez
… as	… a	… ont

3 Complète le texte (case orange : verbe avoir ; case verte : verbe être).

Notre corps ☐ soutenu par le squelette. Les os ☐ courts, longs, ronds ou plats.
Nous ☐ des articulations qui rendent possibles les mouvements.
Le genou, la cheville, le coude, le poignet ☐ des articulations.
La main ☐ des articulations qui permettent aux doigts de bouger.

4 Recopie en vert les formes du verbe être et en rouge celles du verbe aller.

je vais – nous sommes – vous allez – tu es – il va – j'étais – elle allait – vous êtes – tu étais – je suis – vous irez – ils sont – nous allions

Certains verbes sont difficiles à reconnaître, car **leur forme change**. La forme change **selon les personnes** : ***Je** vais, **tu** vas, **il** va, **nous** allons, **vous** allez, **ils** vont.*
La forme change aussi **selon le temps** :
- **au présent** : *je suis, je vais, j'ai ;*
- **au futur** : *je serai, j'irai, j'aurai ;*
- **au passé composé** : *j'ai été, je suis allé(e), j'ai eu.*

Quels sont les cinq

La vue, l'ouïe, le goût, l'odorat et le toucher sont les cinq sens. C'est grâce à eux que tu peux voir, entendre, goûter, sentir et toucher.

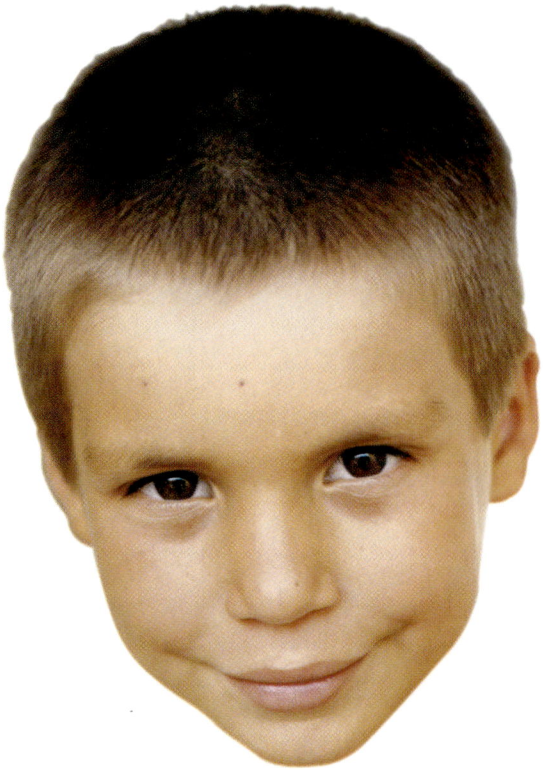

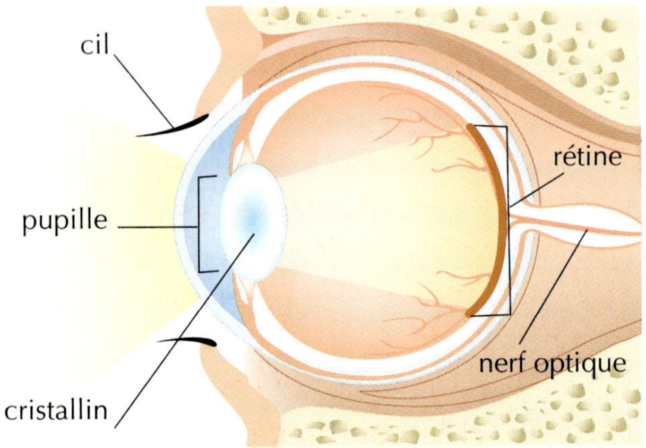

▶ Voir

L'œil est l'organe de la vue. La lumière pénètre dans l'œil par la pupille. Au fond de l'œil, la rétine reçoit cette lumière et transmet l'image au cerveau par le nerf optique.

les nerfs
Ils transmettent au cerveau les sensations de toutes les parties du corps (le froid, la douleur…).

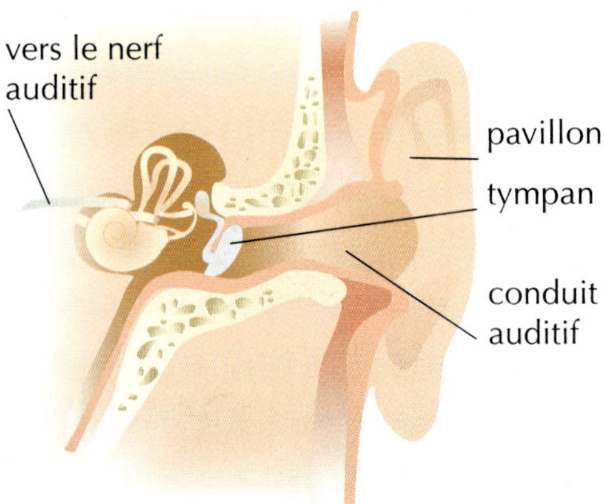

▶ Entendre

L'oreille est l'organe de l'audition. Le son entre par le pavillon et fait vibrer le tympan. Le tympan transmet les vibrations au nerf auditif relié au cerveau.

▶ Goûter

La langue est l'organe du goût. Elle est tapissée de papilles gustatives qui, selon leur place, sont sensibles à quatre saveurs. Au milieu de la langue, il n'y a pas de papilles gustatives.

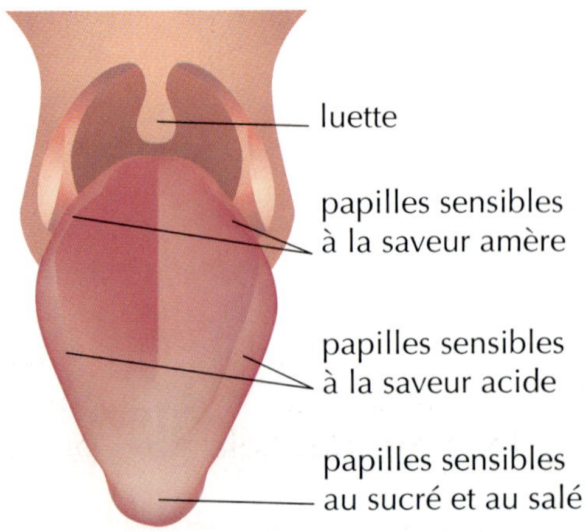

sens ?

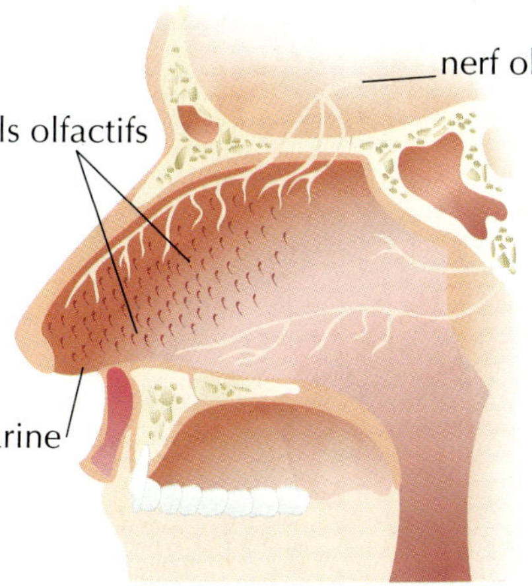

▶ Sentir

Le nez est l'organe de l'odorat. Le fond du nez est recouvert de petits cils qui captent les odeurs. Ces petits cils sont reliés au cerveau par les nerfs.

▶ Toucher

La peau est l'organe du toucher. Sous la peau, de minuscules récepteurs nous renseignent sur ce que le corps touche. Certains récepteurs sont sensibles à la pression, d'autres à la température ou encore à la douleur.

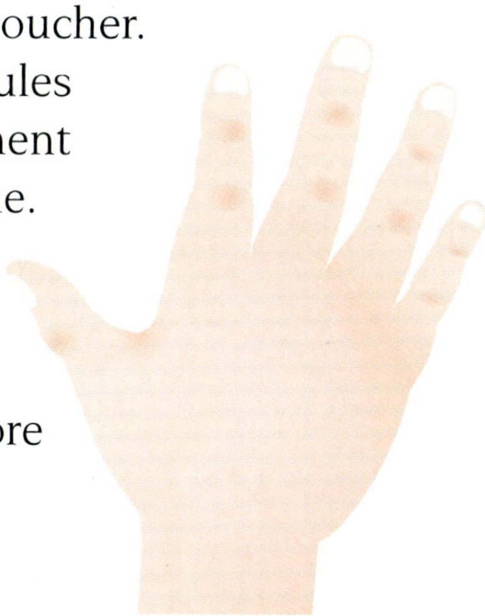

Ateliers d'écriture

Atelier 1 : Prends ton livre, ferme les yeux et essaie de le décrire. De quels sens te sers-tu ?

Atelier 2 : Pendant la récréation, tu vois, tu entends, tu sens, tu goûtes, tu touches… Raconte tout cela avec précision.

Le sais-tu ?

Les dauphins entendent les ultrasons, vibrations très aiguës que l'oreille humaine ne perçoit pas. Ces ultrasons leur permettent de s'orienter sous l'eau.

L'épreuve

Une jeune fille lance des défis à ses trois amoureux.

– Je veux voir qui de vous est le plus malin. Trouvez-moi une nourriture qui ne deviendra ni sucrée cuite avec du miel, ni salée cuite avec du sel, ni grasse cuite avec de l'huile. Je vous attends ici même demain soir.

Le lendemain soir, le fils du mollah et le fils du marchand arrivèrent la tête basse et les mains vides. Ils ne connaissaient pas de nourriture qui remplisse toutes ces conditions. Quant au fils du pauvre, il apporta tout bonnement un œuf de poule.

– C'est toi qui as gagné, dit la belle.

Robert Giraud
14 contes de Russie
Coll. Castor-Poche, Flammarion

Pourquoi est-ce

Module 14 — LE VIVANT

Ton tee-shirt préféré de l'an dernier ne te va plus, ton pantalon est trop court et tu ne rentres plus dans tes baskets. C'est tout à fait normal : chaque jour, sans t'en rendre compte, tu grandis.

Les grandes étapes de la croissance

▶ Du fœtus au bébé

La vie de tout être humain commence par un œuf minuscule dans le ventre de sa mère.
Cet œuf se transforme pour devenir un fœtus puis un bébé.
Les bébés grandissent dans le ventre de leur maman pendant environ 9 mois.
Une fois sorti du ventre de sa mère, le bébé mesure environ 50 cm.

▶ Du bébé à l'adulte

Un bébé devient un enfant qui apprend vite (à parler, à vivre avec les autres…).
Cet enfant devient un adolescent : il grandit encore et son corps change.
Il n'est plus un enfant mais pas encore un adulte.
Puis cet adolescent devient adulte : il peut avoir des enfants à son tour.

que tu grandis ?

Pour grandir, il faut d'abord…

▶ … beaucoup de sommeil

Tu grandis aussi quand tu dors. Plus l'enfant est jeune et plus il a besoin de sommeil : les bébés dorment 18 heures par jour. À ton âge, tu dois dormir 12 heures par nuit. Lorsque notre croissance est terminée, nous dormons moins : les adultes dorment en général 6 à 9 heures par nuit.

la croissance
Le fait de devenir plus grand.

▶ … du calcium

Pour grandir, tu as davantage besoin de calcium qu'un adulte ! Tous les produits laitiers (lait, yaourt, fromage…) sont riches en calcium. Manger un de ces produits à chaque repas, pendant la croissance, aide à fabriquer un squelette solide.

Des produits laitiers indispensables à la croissance.

Atelier

- Combien de temps le bébé passe-t-il dans le ventre de sa mère ?
- Quelles sont les différentes étapes de la vie ?
- Pourquoi dort-on de moins en moins en grandissant ?
- À quel moment de la journée grandit-on le plus ?

Le sais-tu ?
Vers 4 ans, l'enfant mesure le double de la taille qu'il avait à la naissance. Il atteindra sa taille adulte vers l'âge de 17 ans.

Objectif : Comprendre que plusieurs mots peuvent désigner la même chose et savoir utiliser différents synonymes selon le contexte.

Les synonymes

Observe

– Eh bien, dit l'ogre en rassemblant ses souvenirs, avant-hier, j'ai croqué un garde champêtre, un coureur cycliste et une marchande de fruits et légumes. Tous bien frais, et pas trop gras.
– Ce n'est vraiment pas ça qui vous a rendu malade, dit le médecin en se grattant le menton. Et hier, qu'avez-vous mangé ?
– Hier, répond l'ogre, j'ai avalé une institutrice et quelques-uns de ses élèves. Je ne sais plus combien : ils sont tellement petits à cet âge-là.
– Vous n'avez quand même pas mangé la classe entière d'un seul coup ? interroge gravement le médecin.
– Non, non, répond l'ogre. J'en ai gardé quelques-uns pour le goûter…

Bernard Friot – *Nouvelles histoires pressées* – Coll. Poche Junior – Éditions Milan

Que signifient les mots écrits en orange dans le texte ?
Trouve quels autres mots l'auteur aurait pu écrire à la place de : *le médecin, une institutrice, ses élèves, interroge, quelques-uns* ?

1 Recopie et relie les synonymes.

un bois •	• un an
une année •	• une forêt
un gamin •	• une maman
une erreur •	• une faute
une mère •	• une bête
un animal •	• un enfant

2 Remplace le verbe mange par le verbe qui convient pour chaque phrase.

dévore – grignote – avale – croque

- Je mange parfois entre les repas.
- Il mange son petit déjeuner à toute vitesse.
- Le lion mange un morceau de viande.
- L'écureuil mange des noisettes.

3 Associe chaque mot de la liste 1 avec le mot de la liste 2 qui a le même sens. Recopie les paires.

Liste 1 : horrible – cruel – joli – excellent – sombre – difficile – magnifique – peureux – glacé.

Liste 2 : féroce – beau – craintif – laid – délicieux – compliqué – splendide – froid – noir.

4 Réécris ce texte en remplaçant les verbes en rouge par les verbes proposés.

verse – prépare – aplatit – mélange.

Erwan **fait** une tarte. Il **met** de la farine dans un saladier.
Il **mixe** la farine et le beurre. Il **étire** la pâte avec un rouleau à pâtisserie.

Des mots différents peuvent avoir le même sens ou un sens très voisin, ce sont des synonymes : *manger, se nourrir, s'alimenter, déjeuner, goûter, dîner, croquer, gober…*
Ils permettent d'éviter les répétitions :
Pour bien se nourrir, il faut manger des aliments variés.

Objectif : Identifier les différents statuts de la lettre G.

La lettre g

Observe

Menu de l'ogre Glouton

Petit déjeuner : trois grosses souris grises
Repas de midi : treize gigots d'agneau en gelée
Goûter : trente gâteaux aux cerises griottes
Dîner (léger) : juste trois cents figues sucrées

• **Observe le menu. Classe les mots qui comportent la lettre g en plusieurs catégories.** •

1 Classe les mots en deux listes.

une galette – une orange – un pigeon – des gourmandises – du potage – de la glace – un régal – de la réglisse – un gâteau – du chewing-gum – de l'orge – du fromage – des dragées – des légumes

Liste 1 : j'entends [g] (comme dans gâteau). **Liste 2** : j'entends [ʒ] (comme dans géant).

2 Écris les mots correspondant à ces définitions : ils comportent tous la lettre g.

- On y répare des voitures : un …
- Elle sert à effacer ou à nettoyer : une …
- C'est un très grand singe : un …
- C'est une farce : une …
- Devenir plus grand : …
- Elle tombe sous forme de flocons : la …

3 Complète les mots avec g ou ge.

une …irafe	une oran…ade
une bou…ie	la rou…ole
un …enou	un …énie
le coura…e	une man…oire
déména…er	des …ens
un …este	nous na…ons
vous na…ez	une na…oire

4 Copie les mots en les complétant avec gn ou gu.

du champa…e	une …itare	il navi…e	des champi…ons	des fi…es	un a…eau
une chataî…e	une …êpe	une va…e	un si…al	la lan…e	un pei…e

g	→ g	[g]	un ogre – un goûter – grandir
g	→ g (devant i, e ou y)	[ʒ]	des girolles – des asperges – un gymnaste
g ‿ u	→ gu	[g]	une figue – une mangue – une baguette
g ‿ n	→ gn	[ɲ]	de l'agneau – des brugnons – des lasagnes
g	→ g	g muet	un doigt – long – un rang

Objectif : Repérer les formes pronominales des verbes et les utiliser.

Les verbes pronominaux

Observe

Un bébé **se nourrit** principalement de lait. Puis, vers trois ans, le bébé **se transforme** en petit enfant. Au fil des jours, il **s'éveille** au monde qui l'entoure. Il **s'habitue** à goûter à des aliments de toutes sortes et il **se débrouille** seul pour manger.

Observe les mots écrits en rouge. Que remarques-tu ?

1 Conjugue le verbe se laver en observant le modèle.

se regarder	se laver
Je me regarde	Je me lave
Tu te regardes	Tu te …
Il ou elle se regarde	Il ou elle …
Nous nous regardons	Nous …
Vous vous regardez	Vous …
Ils ou elles se regardent	Ils ou elles …

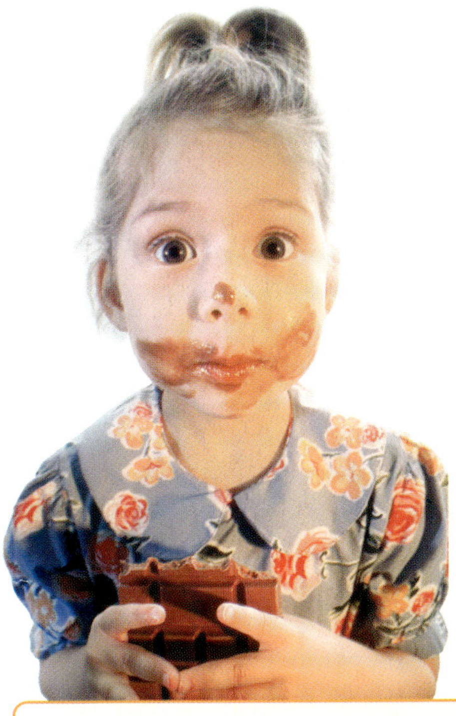

2 Trouve la différence entre chaque paire de phrases.

Ce que fait Mathilde

Elle coiffe sa poupée. – Elle se coiffe.
Elle regarde la télé. – Elle se regarde dans le miroir.
Elle promène son chien. – Elle se promène au parc.
Elle nourrit un rouge-gorge. – Elle se nourrit de chocolat !
Elle endort sa petite sœur. – Elle s'endort de bonne heure.

3 Complète avec le pronom qui convient.

je … lève	il … couche	nous … taisons
elles … réveillent	vous … levez	tu … sauves
il … perd	nous … habillons	je … mouche

Certains verbes se conjuguent parfois avec un petit mot (un pronom personnel) :
*je **me** nourris, tu **te** nourris, elle **se** nourrit, vous **vous** nourrissez…*
Ils décrivent des actions que l'on fait pour soi-même :
je me lave, je me demande, je me change, je me réjouis, je me souviens, je m'avance…

Objectif : Identifier le sujet d'un verbe et comprendre les règles d'accord.

Le sujet du verbe

Observe

Le repas de l'ogre

Glouton a faim. L'ogresse ordonne à ses cuisiniers de le nourrir. Ils installent un escabeau pour atteindre la bouche de l'ogre. Les hommes avancent avec des paniers pleins de viande ou de pain. Glouton avale tout en une bouchée. Il demande ensuite à boire. Les cuisiniers soulèvent un de leurs plus gros tonneaux, puis le posent dans sa main. L'ogre vide le tonneau d'un seul coup et, comme le vin est bon, il en demande un autre. Les habitants du château s'amusent de le voir manger et boire autant !

Observe les mots écrits en bleu. Que désignent-ils ?
Que fait Glouton ? Que fait l'ogresse ? Que font les cuisiniers ?

1 Complète les phrases avec le bon sujet : Glouton ou les cuisiniers. Recopie-les.

… a faim. – … installent un escabeau. – … avancent. – … avale tout. – … demande à boire. – … soulèvent un tonneau. – … le vide d'un seul coup. – … en demande encore.

2 Recopie les phrases. Souligne le verbe et entoure le sujet en bleu.

Le cuisinier prépare le repas. - Laura mange une pomme.
Je cherche des champignons. - Mes frères adorent le chocolat !
Gabriel et Rémi font une salade de fruits.

3 Recopie et complète le texte en choisissant le sujet qui convient.

Alice – Des fraises – Elles – Sa maman – Elle
… poussent dans le jardin. … sont mûres.
… cueille les plus belles. … rapporte les fruits à la maison.
… va faire de la confiture.

Les mots écrits en **bleu** dans le texte sont les **sujets** des verbes.
Le sujet du verbe dit **qui fait l'action** : ***Les hommes*** (sujet) ***avancent*** (verbe).

Pour trouver le sujet, on pose la question qui permet de trouver qui fait l'action :
Qui est-ce qui a faim ? C'est Glouton.
Qui est-ce qui ordonne de le nourrir ? C'est l'ogresse.

Pourquoi faut-il

Ton corps est toujours en activité. De jour comme de nuit, il fait fonctionner tes organes, maintient ta température, transforme les aliments que tu manges et te donne de l'énergie pour bouger, jouer, penser...

▸ J'ai faim !

Tu manges parce que ton corps a besoin d'énergie. L'alimentation est ton « carburant » : il faut le renouveler régulièrement. Il est donc nécessaire de bien se nourrir, à des heures régulières, pour être en bonne santé.

Une alimentation variée comporte des fruits et des légumes !

▸ J'ai soif !

Ton corps contient beaucoup d'eau, mais tu en élimines régulièrement. Tu dois donc boire un litre et demi de liquide par jour au minimum.
En buvant des eaux minérales différentes, tu auras tous les sels minéraux indispensables à une bonne santé. Évite les boissons sucrées.

Le sais-tu ?

Si tu fais beaucoup d'efforts physiques, tu dois manger plus d'aliments énergétiques (céréales, féculents...). Mais attention aux abus, car l'excès de sucres et de graisses provoque l'obésité.

manger ?

De bonnes habitudes alimentaires

Pour être en forme, il faut manger équilibré. Tu dois manger de tout dans des quantités raisonnables. Ton corps a besoin de plusieurs sortes d'aliments. Chaque aliment a une utilité particulière.

Vitamines
Elles sont le plus souvent apportées par les fruits et les légumes.

Glucides
Ces sucres se trouvent dans les desserts, les fruits, le pain, les pâtes ou le riz.

Lipides
Ces graisses se trouvent dans le beurre, les fromages ou les huiles.

Protéines
On les trouve dans la viande, le poisson, les œufs et certains légumes secs.

l'obésité

Maladie due à un excès de nourriture. Le malade sera anormalement gros.

Ateliers d'écriture

Atelier 1 : Rédige ton menu préféré et décore-le.

Atelier 2 : Le géant Gargantua n'est pas content du repas qui lui est servi. Imagine ce qu'il pourrait demander.

Gargantua et les cloches de Notre-Dame

Un jour, Gargantua décrocha les lourdes cloches de la cathédrale.
Là, les Parisiens ne riaient plus du tout : sans les cloches de Notre-Dame, ils ne savaient plus l'heure. Alors, pour récupérer leurs précieuses cloches, les Parisiens servirent à Gargantua un repas... géant composé de 300 bœufs cuisinés en sauce et de 200 moutons rôtis !
Le géant fut ravi et rendit les cloches !

Bernard Briais et Francis Philips
Les Géants
Hachette Jeunesse

Comment lire un tableau ?

Un tableau à une seule entrée

Observe

Les aliments que nous mangeons

FAMILLE	EXEMPLES	À QUOI SERVENT LES ALIMENTS
Viandes Poissons Œufs	Poulet, jambon Truite, sardines Omelette	Ils permettent de construire le corps.
Produits laitiers	Lait Fromage Yaourts	Ils facilitent la croissance des os.
Graisses	Beurre, huile Cacahuètes	Ils donnent de l'énergie.
Sucres Féculents	Confiture Pâtes, pain	Ils donnent de l'énergie et aident à construire le corps.
Fruits Légumes	Oranges, pommes Salade, haricots verts	Ils apportent des vitamines.

• **Donne une information que tu as apprise en lisant ce tableau.** •

Recherche

Réponds aux questions.

- Comment ce tableau est-il construit : combien y a-t-il de lignes et de colonnes ?
- Où sont les titres ?
- Où lis-tu des noms d'aliments ?
- À quoi sert ce tableau ?

1 **Copie, puis réponds par Vrai ou Faux.**

- La confiture est un corps gras.
- La salade est un légume vert cru.
- La viande facilite la croissance des os.
- Le sucre donne de l'énergie.
- Le fromage est un produit laitier.

Atelier

- Recherchez des tableaux dans des livres documentaires ou des livres de mathématiques.
- Observez la présentation de ces tableaux et écrivez quels renseignements ils vous donnent.

Un tableau à double entrée

Observe

Le régime alimentaire des animaux

ANIMAL	ALIMENTS CONSOMMÉS PAR L'ANIMAL						
	fruits	herbes	insectes	vers	poissons	mulots	charogne
chevreuil	×	×					
ours	×		×		×		×
criquet		×					
vautour						×	×
chouette	×		×	×		×	
thon					×		
renard	×					×	
oiseau	×		×	×			
éléphant		×					

Repère comment les informations sont données dans ce tableau.

Recherche

Réponds aux questions.

- Quel est le titre du tableau ?
- Combien de noms d'animaux voit-on dans ce tableau ?
- Où le nom des animaux est-il écrit ?
- Comment sait-on ce que chaque animal mange ?
- Pourquoi n'y a-t-il pas des croix partout ?

2 Recopie en complétant les phrases.

Ils mangent des insectes : …
Ils mangent des fruits : …
Ils mangent des poissons : …
L'ours mange : …
La chouette mange : …
L'éléphant mange : …

Atelier

- Cherchez dans des livres documentaires ce que mangent : le lion, le loup, le zèbre, la panthère, le mouton, le papillon.
- Présentez ces informations dans un tableau.

Un tableau sert à présenter des renseignements qui sont regroupés par famille.
Pour bien lire un tableau, il faut regarder son titre, les titres de chaque colonne et « lire » ensemble ce qui est associé :
- **dans le premier tableau, pour tout savoir sur une famille d'aliments, on lit horizontalement par ligne ;**
- **dans le second tableau, on repère les croix noires pour associer chaque animal indiqué dans la colonne de gauche à ce qu'il mange.**

Module 15 LE TEMPS

Pourquoi y a-t-il

Dans l'année, certains jours sont fériés. Ces jours rappellent l'anniversaire d'un événement historique, civil ou religieux vécu par les générations précédentes.

Le 1er mai

C'est la fête du travail, une journée idéale pour faire la grasse matinée ! Cette fête existe depuis 1er mai 1947. Le 1er mai, c'est aussi la fête du muguet : tu peux offrir cette fleur parfumée comme porte-bonheur à tous ceux que tu aimes.

Le 11 novembre

Le 11 novembre 1918, un armistice a été signé entre la France et l'Allemagne. Il a mis fin à la Première Guerre mondiale. En France, on fête cet anniversaire depuis 1922.

Dans sa tranchée sur le front de la Somme, ce soldat de la Première Guerre mondiale écrit une lettre à ses proches.

un armistice
Accord signé entre des pays pour arrêter les combats et mettre fin à la guerre.

des jours fériés ?

▶ Le 8 mai

Le 8 mai 1945, l'Allemagne nazie capitule. C'est la fin de la Seconde Guerre mondiale que tes grands-parents ont sans doute connue.

Le 8 mai 1945, sur les Champs-Elysées, les parisiens célèbrent la fin de la guerre.

14 juillet 1789 : prise de la Bastille, prison du Roi à Paris.

▶ Le 14 juillet

Musique, bals, feux d'artifice : depuis 1880, le 14 Juillet est le jour de notre fête nationale. Cette date rappelle le 14 juillet 1789, jour de la prise de la Bastille qui marqua le début de la Révolution française.

Le sais-tu ?

Les jours fériés sont différents selon les pays. Mais tous les pays ont une fête nationale. En Italie, par exemple, c'est le 25 avril.

Atelier

- Quel jour férié a un rapport avec la fin de la Seconde Guerre mondiale ?
- Que fête-t-on le 1er mai ?
- Que s'est-il passé le 14 juillet 1789 ?
- Peux-tu citer d'autres jours fériés ?
- Connais-tu d'autres événements que l'on fête en France et qui ne sont pas des jours fériés (par exemple, la fête des mères) ?

Vocabulaire

Objectif : Comprendre qu'un mot peut désigner plusieurs choses et repérer ses différents sens selon le contexte.

Les différents sens d'un mot

Observe

un jour (NOM)

1. Durée de 24 heures.
Il y a 7 jours dans une semaine.

2. Durée pendant laquelle le Soleil éclaire la Terre.
Il fait encore jour, mais la nuit ne va pas tarder à tomber.

Extrait du Dictionnaire Benjamin – Hachette

Lis la définition. Combien de sens du mot « jour » sont expliqués ?

1 Indique pour chaque phrase le sens du mot jour : lumière ou temps.

- Nous sommes rentrés depuis huit **jours**.
- L'éclipse du Soleil a eu lieu en plein **jour**.
- Le **jour** de mon anniversaire est le 2 février.
- Je ne me lèverai que quand il fera **jour**.

2 Trouve le mot qui complète ces quatre phrases et écris-les.

Noémie a trouvé une … de deux euros.
Molière a écrit une … de théâtre qui a pour titre *L'Avare*.
Le mécanicien a remplacé la … qui était abîmée.
Le salon est la … où toute la famille se rassemble pour regarder la télévision.

3 Recopie les phrases en remplaçant le mot en gras par le mot en orange qui convient.

le monde : le globe ou les gens – **la glace :** le miroir ou la vitre
Je n'aime pas aller dans ce restaurant, il y a trop **de monde**.
Ce navigateur a parcouru **le monde**.
J'ai froid, tu veux bien remonter **la glace** ?
La reine interroge **la glace** pour savoir si elle est la plus belle du royaume.

Un même mot peut avoir plusieurs sens : une **règle** est un outil pour tracer, une **règle** est aussi une loi ou une consigne que l'on doit suivre.
Pour comprendre ce que le mot désigne, il faut s'aider du reste de la phrase.
*J'utilise une **règle** pour souligner les mots.*
*La **règle** du jeu indique qu'il faut quatre joueurs.*
*Lever le doigt pour demander la parole est une **règle** à ne pas oublier.*

Objectif : Repérer et orthographier correctement les sons ail, eil, euil, ouil.

Les sons ail, eil, euil, ouil

Observe

Le paresseux

Lundi je **traînaille**,
Mardi je **travaille**
Tout doux.
Mercredi je **bâille**,
Que jeudi s'en **aille**
Aux loups.
Enfin je **tressaille**,
Vendredi **sonnaille**,
je bous.
Aux suivants sans **faille**,
Je ferai **ripaille**...
Et vous ?

Antoine Antonucci
L'Écharpe d'iris
Le Livre de Poche Jeunesse – Hachette

• **Quel son revient dans les mots écrits en bleu dans cette poésie ?** •

1 Recopie chaque liste et barre l'intrus.

- une grenouille – une merveille – la citrouille – la rouille
- le soleil – un conseil – un réveil – un écureuil – le sommeil
- une ratatouille – une feuille – un fauteuil – un feuilleton

2 Lis les définitions. Trouve le mot qui convient.

- C'est l'ensemble des feuilles des arbres : le ...
- C'est une grande porte à l'entrée d'une propriété : un ...
- Elle reçoit les papiers froissés : la ...
- Il donne une mine pointue au crayon : le ...
- Tu t'y assois confortablement : un ...
- Elle recouvre souvent les vieilles grilles en fer : la ...

3 Écris les mots en complétant avec a ou e.

un trav...il — un rév...il — des éc...illes — une corn...ille
Mars...ille — une can...ille — une merv...ille — un t...illis

4 Écris et complète les mots avec ail si c'est un nom masculin, ou aille si c'est un nom féminin ou un verbe.

une méd... — un trav... — un épouvant... — elle trav... — un dét... — de la p...
la t... — une bat... — il tress... — un chand... — un r... — un gouvern...

Les lettres ill forment le son [j] comme dans *une fille, elle brille*...
- **Avec a, on prononce [aj] :** *le travail, une médaille ;*
- **Avec e, on prononce [ɛj] :** *le soleil, une abeille ;*
- **Avec eu, on prononce [œj] :** *le seuil, une feuille ;*
- **Avec ou, on prononce [uj] :** *du fenouil, une grenouille.*

Objectif : Identifier toutes les formes conjuguées du verbe aller.

Le verbe aller

Observe

Comme il n'y avait pas d'école, le jeudi 1er mai, Léa **est allée** chez ses grands-parents.
Ils **sont allés** pique-niquer au bord de la rivière.
Au moment où Léa **allait** entrer dans l'eau, Papi s'est écrié :
« Ne **va** pas dans l'eau ! Elle est bien trop froide ! ».
Léa a obéi tout de suite : elle **ira** nager quand il fera plus chaud.

Observe les mots du texte écrits en rouge et trouve l'infinitif de ce verbe.

1 Écris le verbe avec un pronom qui convient.

... va ... vais ... vont
... vas ... allez ... allons

2 Classe les verbes dans le tableau.

je vais, il ira, je suis allé, nous allons, tu iras, j'allais
vous alliez, il va, ils allaient, elles vont, nous irons, vous êtes allés

aujourd'hui	hier	demain

3 Recopie les listes et barre l'intrus de chacune.

Liste 1 : elle va, nous allons, vous avez, je vais, ils vont.
Liste 2 : on allait, vous alliez, tu allais, elle allaitait, j'allais.
Liste 3 : j'irai, tu liras, vous irez, ils iront, on ira.

Le verbe aller est un verbe qui change beaucoup. Il faut apprendre à le reconnaître.

Présent	Futur	Imparfait
je vais	j'irai	j'allais
tu vas	tu iras	tu allais
il ou elle va	il ou elle ira	il ou elle allait
nous allons	nous irons	nous allions
vous allez	vous irez	vous alliez
ils ou elles vont	ils ou elles iront	ils ou elles allaient

Objectif : Identifier les compléments de temps dans la phrase.

Les compléments de temps

Observe

La rentrée des classes de la forêt a lieu le **1er septembre**.
Petit-Ours est si pressé d'aller à l'école, qu'il se réveille **à l'aube**, bien **avant six heures**. Il part **dès les premiers rayons du soleil**.
Tous les animaux lui demandent : « Où vas-tu donc **de si bonne heure** ?
– Je vais à l'école, je bavarderai avec vous **tout à l'heure**, **quand je reviendrai** ! ».

• **Repère quelles informations donnent les groupes de mots écrits en orange.** •

1 Associe les deux parties qui vont ensemble, puis écris les phrases.

Le lac est gelé •	• chaque soir.
Maman me lit une histoire •	• à 21 h 16.
Le train partira •	• en plein hiver.
Nous partirons en vacances •	• au Moyen Âge.
Les châteaux forts furent construits •	• la semaine prochaine.

2 Classe ces compléments en deux catégories.

ici – un soir d'été – hier – sur la route – en ville – autrefois – en mer
cet après-midi – à huit heures – le 13 avril – à Paris – dans ma chambre

où ?	quand ?

3 Remplace les mots écrits en orange par d'autres compléments de temps.

Jean s'est levé **à midi**. – **Tout à coup**, il se mit à pleuvoir.
Nous viendrons te voir **samedi prochain**. – Je suis allé au cinéma **hier soir**.
Je m'entraîne à la patinoire **tous les mercredis à 17 h 30**.
Au temps jadis, les voyages se faisaient souvent à cheval.

Une histoire présente des personnages et leurs aventures. Pour indiquer les moments auxquels les actions se passent, on utilise des compléments de temps : ***autrefois, la semaine dernière, tous les jours, à la nuit tombée, l'an prochain…***

Qui compose ta

Ta famille se compose de plusieurs personnes. Certaines portent le même nom que toi et d'autres non. Dans ta famille, des enfants ont sans doute à peu près le même âge que toi.

Quatre générations ! ❶ l'enfant, ❷ la mère, ❸ la grand-mère et ❹ l'arrière-grand-mère.
On voit aussi ❺ le grand-père, ❻ la grand-tante, et ❼ le grand-oncle du bébé !

Réunir la famille

Toute une famille peut se réunir pour fêter un événement important : un mariage, un anniversaire... Comme, plusieurs générations se rassemblent, cela peut être l'occasion de retrouver une cousine ou un oncle que tu n'as pas vu depuis longtemps.

une génération
Groupe de gens qui ont à peu près le même âge : dans une famille, les grands-parents, les parents et les enfants forment trois générations.

Le sais-tu ?
Au Moyen Âge, seul le prénom existait. Pour distinguer les personnes, on leur donnait un surnom lié à leur physique ou à leur métier. Ces surnoms devinrent plus tard des noms de famille.

famille ?

Comptine du Cameroun

Un soir, un grand-père dit à
la grand-mère d'aller fermer la porte.
La grand-mère dit au fils d'aller fermer
la porte.
Le fils dit à sa femme d'aller fermer la porte.
La femme dit à son fils Jean d'aller fermer
la porte.
Jean dit à sa sœur Jeannette d'aller fermer
la porte.
Voilà comment à la nuit tombée,
la grande famille s'est fait dévorer,
Par un lion, tout petit, minuscule.
Comme c'est ridicule !

Albena Ivanovitch, Andrée Prigent
OHÉ ! Les Comptines du monde entier, Rue du Monde

▶ Faire un arbre généalogique

Pour montrer les liens entre les personnes d'une même famille, on utilise un schéma en forme d'arbre. Cet arbre présente les différentes générations.

Ateliers d'écriture

Atelier 1 : Rédige un petit texte à partir de la photo de la page 138.

Atelier 2 : Présente ta famille proche. Rédige quelques phrases et fais des dessins. Parle du portrait et du caractère des personnes que tu présentes.

Comment

Le paysage que tu as sous les yeux a-t-il toujours été comme cela ? Sur des photos ou des cartes postales anciennes, tu peux voir comment c'était autrefois : les constructions de l'époque, les véhicules que l'on utilisait, les vêtements que l'on portait…

La place de l'Opéra, à Paris dans les années 1900.

Une élégante au début du XXe siècle.

▸ À la Belle Époque

C'est à cette période que l'automobile, l'électricité, le téléphone… apparaissent. Les femmes portent encore de grands chapeaux et des robes longues. Les hommes sont habillés d'un costume trois-pièces avec un pantalon serré.

la Belle Époque
Nom donné à la période prospère et plutôt joyeuse que la France a connu entre 1890 et 1914 (jusqu'à la Première Guerre mondiale).

c'était, avant ?

▸ Dans les années 1950

Les vêtements sont plus confortables et mieux adaptés à un rythme de vie qui s'accélère. Dans la salle à manger, la télévision remplace la radio.
Le disque 45 tours est né.
Les transports se développent.
La médecine progresse.

La même place dans les années 1950.

Ce que tu peux voir aujourd'hui, au même endroit.

Le sais-tu ?
En 1900, la France comptait 39 millions d'habitants.
Il y en a 60 millions aujourd'hui.

▸ Aujourd'hui

Tu t'habilles comme tu le souhaites.
Les logements sont de plus en plus confortables.
Pour se déplacer ou faire ses courses dans les magasins, par exemple, on utilise beaucoup la voiture.

Atelier

- Quelles sont les ressemblances et les différences entre ces trois photos ?
- Quels moyens de transports vois-tu ?
- Quelle photo présente des animaux ? À quoi servent-ils ?
- Que font les gens sur chaque photo ?

Objectif : Repérer les préfixes et comprendre leur signification.

Les préfixes

Observe

La tempête

Sophie et son père regardent une photo.
Juste après la tempête, c'est impressionnant : les arbres sont couchés sur le sol, les toits sont arrachés, les tuiles et les branches sont éparpillées par terre. Les gens s'activent à **redresser** les volets, à **remettre** un banc d'aplomb, à **relever** des plantes.
Aujourd'hui, on a **reconstruit** les toits, on a **remis** des tuiles neuves, on a **replanté** des arbres et le paysage est **redevenu** presque comme avant.

Observe les mots écrits en bleu. Explique ce qu'ils veulent dire.

1 Recopie et entoure de la même couleur les paires de verbes qui vont ensemble.

commencer	reconstruire	recoudre	construire	recommencer
coudre	reconnaître	coller	connaître	recoller

2 Recopie et relie chaque verbe à sa définition.

refaire •	• dire encore une fois
redire •	• faire plusieurs bonds
rebondir •	• faire à nouveau
rechercher •	• chanter une deuxième fois
rechanter •	• chercher à nouveau

3 Écris de nouveaux verbes en ajoutant les préfixes dé- ou re- comme dans l'exemple.

monter : **dé**monter, **re**monter

plier : …	charger : …
poser : …	planter : …
faire : …	boucher : …

On peut construire des mots nouveaux en ajoutant un élément devant un mot.
Cet élément s'appelle un préfixe.
Le préfixe donne au mot un sens différent :
Reconstruire* veut dire *construire à nouveau. ***Défaire* est le contraire de *faire.***

Le pluriel des noms et des adjectifs

Observe

Une invention inutile

Au début des chemins de fer, certaines personnes peureuses pensaient que le train était une invention inutile. Des médecins disaient que les secousses donnaient des tremblements et que les fumées allaient encrasser les poumons.
Mais très vite des millions de voyageurs prirent le train et des voies ferrées quadrillèrent toutes les régions de France.

Lis le texte et trouve ce que les groupes de mots écrits en vert ont en commun.

1 Classe ces mots en deux catégories.

un monument – des routes – le paysage – les photos – des constructions – une locomotive – des wagons – un train – la rue – l'arbre – les années – une invention

mot au singulier (un seul élément)	mot au pluriel (plusieurs éléments)

2 Recopie ces mots au pluriel (ajoute un s).

une maison : des ...
un nuage : des ...
un voyageur : des ...
une année : des ...
un grand chemin : des ...
une fumée grise : des ...
une personne peureuse : des ...
une photo ancienne : des ...

3 Écris ces mots au pluriel (ajoute un x).

un château – un tableau – un jeu – un feu – un noyau – un cheveu

4 Écris les groupes de mots en orange au pluriel.

Autrefois, les diligences étaient tirées par un cheval.
Papi range une photo ancienne dans une belle boîte.
Dans ma rue, il y a un grand magasin.
On voit au loin une vieille maison délabrée.

Pour écrire un nom ou un adjectif au pluriel, on ajoute le plus souvent un s à la fin du mot : *une grande rue* → *des grandes rues*.
Si le mot se termine par au, eau, eu, au pluriel on ajoute souvent un x à la fin du mot : *un nouveau jeu* → *des nouveaux jeux*.

Objectif : Comprendre l'usage de l'imparfait et identifier ses marques dans la conjugaison d'un verbe.

L'imparfait

Observe

Au Moyen Âge, on **construisait** des châteaux forts pour protéger les seigneurs. À Paris, les rois **habitaient** dans le Palais-Royal de l'île de la Cité. Puis Philippe Auguste, qui **aimait** les rives de la Seine, fit construire une immense forteresse, remplacée ensuite par le palais du Louvre*. À cette époque, Paris ne **comptait** que 10 000 habitants.

Dis à quel temps (présent, passé ou futur) se rapportent les verbes écrits en rouge.

(* va voir page 146)

1 Observe les terminaisons et écris les verbes au pluriel.

il construisait → ils construisaient

il habitait : ils …	il aimait : ils …
il allait : ils …	il était : ils …
il trouvait : ils …	il avait : ils …

2 Observe la conjugaison du verbe regarder et écris celle de raconter.

je regardais	**je racontais**
tu regardais	tu …
il ou elle regardait	il ou elle …
nous regardions	nous …
vous regardiez	vous …
ils ou elles regardaient	ils ou elles …

3 Recopie le verbe au présent puis écris le verbe à l'imparfait.

je chante → je chantais

je rêve : je …	je joue : je …
je saute : je …	je dors : je …
je me promène : je me …	

4 Recopie le texte en choisissant le verbe conjugué à l'imparfait.

Au début, quand les Parisiens **voient** / **voyaient** la tour Eiffel, ils **font** / **faisaient** la grimace. Ils la **trouvent** / **trouvaient** très laide. Ils se **demandent** / **demandaient** pourquoi on **construit** / **construisait** un monument pareil !

L'imparfait est un temps du passé. On l'utilise souvent dans les contes :
*Il **était** une fois un roi qui **voulait** conquérir le monde…*
On emploie l'imparfait pour décrire des actions passées habituelles ou répétées :
*L'année dernière, à chaque fois que j'**allais** à la piscine, j'**oubliais** mon bonnet de bain !*

Objectif : Identifier les compléments de lieu dans la phrase.

Les compléments de lieu

Observe

En Égypte

L'Égypte des pharaons est née il y a plus de 3 000 ans **sur les bords du Nil**. La sécheresse qui régnait **dans le désert** avait ramené les hommes **vers les rives du fleuve**. Tous les ans, de juin à octobre, le Nil débordait **sur les terres avoisinantes** et le sol pouvait être cultivé. Les hiéroglyphes gravés **dans la pierre sur les murs des temples** montrent que les Égyptiens connaissaient l'écriture. Les pharaons étaient enterrés **dans des pyramides** avec les objets qu'ils voulaient emporter **dans l'autre monde**.

• **Explique quelles informations donnent les groupes de mots écrits en vert dans le texte.** •

1 Écris les phrases en associant les deux parties qui vont ensemble.

Les pharaons étaient enterrés •	• sur les murs des temples.
Le Nil débordait •	• sur les terres avoisinantes.
Des hiéroglyphes sont gravés •	• dans des pyramides.

2 Recopie les phrases et souligne les groupes de mots qui répondent à la question où ?

Le Nil est un long fleuve qui se jette dans la Méditerranée.
Sur la place de la Concorde, à Paris, on peut voir un monument égyptien : l'obélisque.
L'Égypte est un pays qui se trouve en Afrique.
En Afrique, le grand désert qui traverse le continent s'appelle le Sahara.

3 Classe ces informations dans le tableau et recopie-les.

en Europe — à la Belle Époque — à Paris — en 1900
au temps des Gaulois — aux États-Unis — à midi — dans la rue

où ?	quand ?

Les compléments de lieu précisent où les actions se passent.
Ils sont souvent introduits par les mots : *dans, sur, en...*
Ils peuvent être placés à différents endroits de la phrase :

- Au début → ***En Égypte**, le Nil est considéré comme un dieu.*
- Au milieu → *Autrefois, **en Égypte**, les chats étaient des animaux sacrés.*
- À la fin → *Mes parents iront faire un voyage **en Égypte**.*

Quel âge ont ces

Quand tu te promènes dans des villes comme Nîmes ou Paris, tu vois des monuments anciens. Ces constructions ont résisté au temps et témoignent du passé.

Les arènes de Nîmes.
Aujourd'hui, on y donne des spectacles.

▶ Un peu plus de 2 000 ans !

À Nîmes, tu peux voir des arènes qui ont été construites il y a plus de 2 000 ans par les Romains. Les Romains aimaient assister à des combats de gladiateurs et à des courses de char qui se déroulaient sur la piste.

Le palais du Louvre à Paris, à l'époque de François Ier.

▶ Presque 500 ans !

À l'époque de François Ier, la forteresse du Louvre se transforme en palais. Il devient le château des rois de France. À la Révolution, en 1793, il est transformé en musée. Aujourd'hui, on l'appelle le « Grand Louvre ». On y accède par une pyramide de verre imaginée par l'architecte d'origine chinoise, Ieoh Ming Pei, en 1983.

monuments ?

Gustave Eiffel
(1832-1923)

▶ Un peu plus d'un siècle !

Construite pour l'Exposition universelle de 1889, la tour Eiffel aurait dû être démontée. Heureusement, son succès a évité sa destruction. C'est le monument de Paris le plus visité.

Mars 1888

Décembre 1888

Mars 1889

Sous le vieux pont

L'eau, sous le vieux pont,
Coule, coule et chante,
L'eau sous le vieux pont,
Berce de son chant
Les poissons d'argent.

Max Jacob
60 poésies et 60 comptines
Gallimard

Le sais-tu ?

L'ingénieur Gustave Eiffel était un spécialiste des constructions en fer. Il a imaginé l'armature en fer à l'intérieur de la statue de la Liberté à New York.

Ateliers d'écriture

Atelier 1 : Imagine que tu es en 1900 sur la place de la page 140, rédige une petite comptine. « *Sur la place, il y a…* »

Atelier 2 : Invente une aventure dont le personnage est la tour Eiffel. Par exemple : *Un beau matin, la tour Eiffel a disparu. Elle est partie à la campagne…*

un gladiateur

Chez les Romains, homme qui combattait à mort contre un autre homme ou contre une bête féroce pour distraire les spectateurs.

Comment savoir qui parle ?

Dans une bande dessinée

Observe

La galère d'Obélix

La Galère d'Obélix, les Éditions Albert René. © 2004, Goscinny - Uderzo

- **Observe et lis la bande dessinée.**

Recherche

Réponds aux questions.

- Combien de personnages y a-t-il ?
- Comment comprend-on qui parle ?
- Pourquoi certains mots sont-ils écrits en gros ?
- Quels sont les signes qui montrent l'étonnement d'Astérix ?

1 **Reproduis la première bulle d'Obélix et la dernière bulle d'Astérix.**

Atelier

- Cherchez, dans d'autres bandes dessinées, des bulles qui contiennent autre chose que des mots. Trouvez ce qu'elles veulent dire.
- Cherchez des bandes dessinées où il n'y a pas toujours des bulles sur les images.

Dans un texte

Observe

– Vous ne vous sentez pas bien ? On ne chasse pas un paisible mammouth qui ne demande rien à personne !

– Nous avons faim ! répondirent en chœur les quatre petits chasseurs.

– Si vous avez faim, cueillez des noisettes ou ramassez des baies !

– Nous voulons manger de la viande, insista Petit Minus.

Alors le mammouth entra dans une colère noire.

– Et si c'était moi qui vous mangeais, hein ?

Jackie Niebisch, *On a piégé le mammouth*,
Trad. M.-J. Lamorlette, © 1994, éditions Pocket Jeunesse

Lis le texte.

Recherche

Réponds aux questions.

- Qui parle ? Qui prononce les premières paroles ?
- Qui prononce les dernières paroles ?
- À quoi servent les tirets ? Où sont-ils placés ?
- Pourquoi l'une des phrases n'a-t-elle pas de tiret ?

2 Imagine l'endroit où se passe cette scène.
Décris-le en quelques phrases.

3 Écris la suite de l'histoire.

- Que va-t-il arriver aux quatre petits chasseurs ?
- Que vont se dire les personnages ? N'oublie pas les tirets.

Atelier

- Réalisez une bande dessinée qui raconte la même chose que le texte.
- Dessinez les chasseurs et le mammouth dans des vignettes. Écrivez les paroles de chacun dans des bulles.

- **Dans une bande dessinée, pour faire parler les personnages, on utilise des bulles dans lesquelles on écrit les paroles de chacun.**
- **Dans un texte, pour séparer les paroles des personnages, on utilise des tirets en début de ligne, devant les paroles prononcées. On va à la ligne lorsqu'une autre personne parle.**

Comment

Pour savoir ce qui se passe dans le monde, tu peux écouter ou regarder les informations. Pour communiquer avec un ami, tu lui téléphones ou tu lui envoies un courrier électronique par Internet…

Le télégraphe de Chappe en 1794 : le message est transmis de colline en colline sous forme de signaux. Par temps de brouillard, plus de message !

Hier…

Des difficultés pour communiquer

Faire des signaux de fumée, envoyer des messagers, utiliser des pigeons voyageurs… sont quelques-unes des solutions que les hommes ont tout d'abord trouvées pour se « parler » rapidement quand ils étaient éloignés les uns des autres. C'est à partir de la découverte de l'électricité que des inventeurs ont mis au point des machines comme le télégraphe ou le téléphone.

communiquer
Donner ou échanger des informations, en utilisant différents moyens : paroles, gestes, lettres, téléphone, télévision…

Aujourd'hui…

La radio

Comme la télévision, la radio fonctionne grâce à l'électricité. Le message voyage dans les airs en utilisant les ondes… radio ! L'antenne capte ces ondes, et tu entends ce que dit le présentateur.

communiquer ?

▶ Le téléphone portable

Né en 1991, le téléphone portable transmet la voix en utilisant aussi les ondes radio. Grâce aux antennes relais construites en grand nombre, tu peux téléphoner et recevoir des appels pratiquement de partout.

Tout en étant très petits, certains téléphones portables sont tellement perfectionnés qu'ils permettent aussi de naviguer sur Internet ou de prendre des photos.

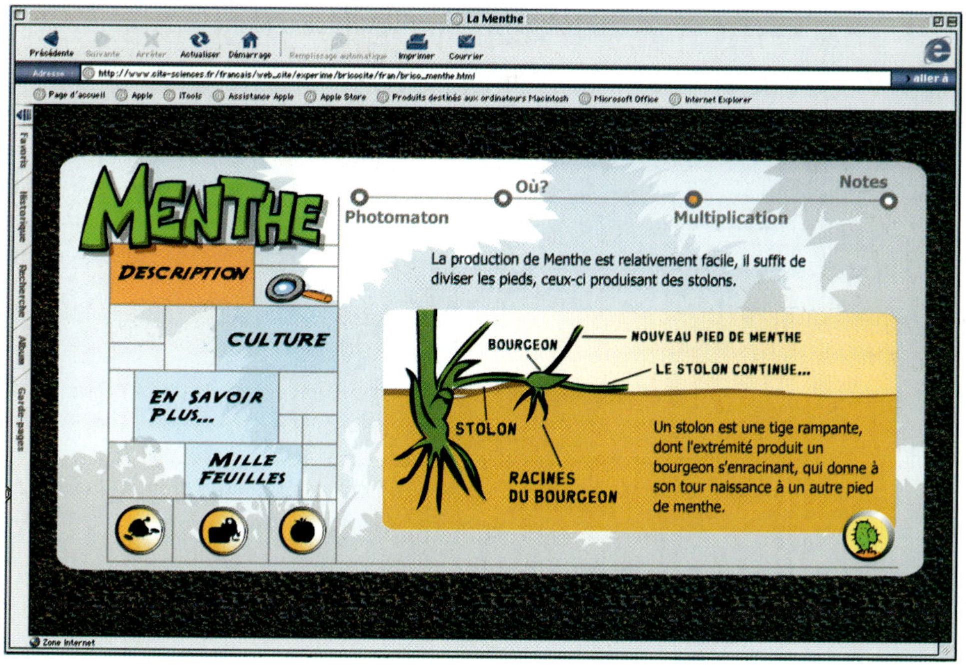

▶ Le réseau Internet

Si ton ordinateur est connecté à Internet, cela veut dire qu'il est relié à d'autres ordinateurs partout dans le monde. Ce réseau de machines est comme une immense « toile » d'araignée qui recouvre la planète. Tu peux avoir accès à une quantité inimaginable d'informations et échanger des e-mails, des photos, de la musique...

Atelier

- Quelle invention fait voyager les messages dans des fils électriques ?
- Qu'a-t-il fallu construire pour que le téléphone portable puisse fonctionner partout ?
- Pourquoi compare-t-on Internet à une toile d'araignée ?
- Qu'est-ce qu'un e-mail ?

Le sais-tu ?

Les ondes radio utilisées par la télévision et la radio sont capables d'effectuer 7 fois le tour de la Terre en 1 seconde.

Objectif : Comprendre et maîtriser l'utilisation des différents registres de langue.

Les registres de langue

Observe

– Prête-moi ton vélo, Alex, il faut que je prévienne mon frère.
On a rendez-vous au cinéma avec un ami.
– Téléphone-lui, cela ira plus vite !

– File-moi ta bécane, Alex, il faut que je briefe mon frangin.
On a rancard au cinoche avec un pote.
– Bigophone-lui, ça ira plus vite !

Quelle ressemblance et quelle différence y a-t-il entre ces deux dialogues ? Qui parle ? Quelles phrases pourrait-on lire dans un livre? Lesquelles sont plutôt du langage parlé ?

1 Recopie en associant chaque mot du langage familier (liste 1) avec un mot du langage courant qui a le même sens (liste 2).

Liste 1 : un clebs – se tirer – une bagnole – une baraque – de la veine – bouquiner – peinard – du boucan.

Liste 2 : une voiture – tranquille (ou tranquillement) – une maison – s'enfuir – un chien – lire – du bruit – de la chance.

2 Recopie le texte en remplaçant les mots familiers en orange par des mots courants. Aide-toi de l'exercice 1.

Pierre bouquine peinard quand il entend du boucan. Une bagnole vient de freiner devant son clebs qui venait de se tirer de la baraque. Il a eu de la veine : le conducteur avait des bons freins.

3 Classe ces mots en deux listes et recopies-les.

roupiller – dormir	un enfant – un gamin	moche – laid
un village – un patelin	un cuistot – un cuisinier	partir – décamper
du boulot – du travail	louper – manquer	dare-dare – vite

Liste 1 : langage courant. **Liste 2 :** langage familier.

Il y a plusieurs manières de s'exprimer selon la personne à laquelle on s'adresse : on ne dit pas la même chose à un proche et à une personne à laquelle on veut s'adresser avec respect.
Quand on parle, on emploie parfois un registre familier (*baraque*).
À l'écrit, on utilise un langage courant (*maison*) ou soutenu (*domicile, demeure*).

Objectif : Savoir discriminer les lettres muettes dans un mot.

Les consonnes finales muettes

Observe

Mon petit chat gourmand et impatient a tellement faim qu'il saute d'un bond sur la souris de mon ordinateur !

Repère les lettres écrites en bleu et dis si on doit les prononcer ou pas.

1 Recopie et complète ces mots avec t ou d.

blon…	for…	gran…
froi…	len…	idio…
ron…	brillan…	ver…

2 Recopie chaque mot et écris le verbe de la même famille.

un récit : …	un bond : …	blanc : …
un camp : …	un regard : …	gros : …
un rang : …	un chant : …	grand : …
le repos : se …	un bavard : …	absent : s'…

3 Recopie ces noms au féminin, puis écris les noms au masculin.

une chatte → un …	une villageoise → un …	une marchande → un …	une patiente → un …
une nigaude → un …	une débutante → un …	une Allemande → un …	une Anglaise → un …

4 Recopie le texte. Complète les mots avec les lettres muettes qui manquent.

J'aimerais avoir un robo… très savan… , qui serait un compagnon genti… et très patien… . Aussi gran… et for… que moi, il pourrait être présen… partout : en classe, il m'aiderait à être intelligen… . Il porterait mon sac s'il est tro… lour… et il amuserait tous les passan…s !

De nombreux mots se terminent par une consonne muette (on ne l'entend pas).
Pour bien orthographier ces mots, tu peux :

- **modifier ce mot au féminin :** ***un petit chat gourmand – une petite chatte gourmande ;***
- **trouver un mot de la même famille :** ***un bond – bondir.***

Objectif : Accorder convenablement le verbe avec son sujet.

Accorder le verbe

Observe

Si **les poissons** savaient marcher, **ils** aimeraient bien aller le jeudi au marché.
Si **les canards** savaient parler, **ils** aimeraient bien aller le dimanche au café.
Et si **les escargots** savaient téléphoner, **ils** resteraient toujours au chaud dans leur coquille.

Claude Roy – « Avec des *si* » – *Enfantasques* – Gallimard

Que désigne, dans chaque phrase, le pronom *ils* ?
Quelles sont les actions associées à chaque animal ?
Par quelles lettres tous les verbes se terminent-ils ? Pourquoi ?

1 Recopie avec le verbe qui convient.

- Mes parents **achète** / **achètent** un téléphone portable.
- Mon frère **appelle** / **appellent** ses amis pendant des heures.
- Les gens pressés **téléphone** / **téléphonent** en marchant dans la rue.
- Un ordinateur portable **fonctionne** / **fonctionnent** avec une batterie.

2 Recopie et relie pour faire des phrases. Attention aux pièges !

Un de mes amis •	• me téléphone souvent.	Gaël et Lucie •	• me téléphonent souvent.
Mes grands-parents •		Les enfants de ma classe •	
Alicia •		Le fils de mes voisins •	

3 Recopie les phrases. Souligne le sujet en bleu et encadre le verbe en rouge.

- En 1858, Nadar prend les premières photographies aériennes depuis un ballon.
- Alessandro Volta imagine la première pile électrique vers 1800.
- En 1876, Alexander Graham Bell invente le téléphone.
- En 1879, Thomas Edison trouve comment faire briller une ampoule.
- Auguste et Louis Lumière inventent le cinéma en 1895.

Le verbe s'accorde avec le sujet. Si le sujet est au singulier, le verbe est au singulier.
Si le sujet est au pluriel, le verbe est au pluriel.

- Le sujet peut être un **groupe de mots** : *les escargots.*
- Le sujet peut aussi être un **pronom** : *ils.*
- Pour trouver **le sujet** de la phrase, je pose la question : **qui ?**
- Pour trouver **le verbe** de la phrase, je me demande : **fait quoi ?**

Objectif : Comprendre les usages de la conjonction de coordination « et ».

Assembler avec le petit mot et

Observe

Au bout du fil

Pour créer une ligne téléphonique rapide **et** personnelle, il te faut de la ficelle **et** deux gobelets en plastique percés d'un trou. Fais passer une longue ficelle à travers les trous **et** fais un nœud à chaque extrémité, à l'intérieur du gobelet.
Demande à quelqu'un de se mettre à l'autre bout de la ficelle **et** de placer un gobelet contre son oreille. Parle dans l'autre gobelet **et** il t'entendra. Place ensuite ton gobelet à ton oreille **et** écoute à ton tour ce qu'il dit.

À quoi sert le mot et dans ce texte ?

1 Relis le texte ci-dessus et complète en écrivant ce qui est associé à ces expressions.

- rapide et …
- de la ficelle et …
- fais passer une longue ficelle et …
- parle dans l'autre gobelet et …
- place ensuite ton gobelet à ton oreille et …

2 Écris en complétant avec le mot qui convient.

jamais – jaune – dessert – se taire – un – des nuits – joyeusement – ils nagent

- fromage et …
- rouge et …
- se mettre en rang et …
- rapidement et …
- toujours et …
- ils plongent et …
- trente et …
- des jours et …

3 Forme une seule phrase en reliant chaque paire de phrases avec le mot et.

- Julie rentre de l'école. – Elle va tout de suite dans sa chambre.
- Elle s'installe devant son ordinateur. – Elle se met à jouer.
- Elle gagne des points. – Son nouveau score s'affiche.
- Elle lit ensuite son courrier. – Elle y répond.
- Enfin, elle éteint son ordinateur. – Elle fait ses devoirs.

Le petit mot et sert à associer des éléments qui vont ensemble. Cela peut être :
- **des noms** : *lundi **et** mardi ; un téléviseur **et** un magnétoscope ;*
- **des adjectifs** : *noir **et** blanc ; long **et** ennuyeux ;*
- **des verbes** : *lire **et** écrire ; ils écoutent **et** ils chantent ;*
- **des phrases** : *Je m'installe sur le canapé **et** je regarde les informations.*

TIC

Des ordinateurs,

Le premier ordinateur a été mis au point en 1946. Il avait à peine la puissance de ta calculette de poche ! Maintenant, ces machines très performantes sont reliées entre elles grâce à Internet.

De quoi est composé l'ordinateur ?

Un ordinateur fonctionne avec plusieurs éléments reliés par des câbles.

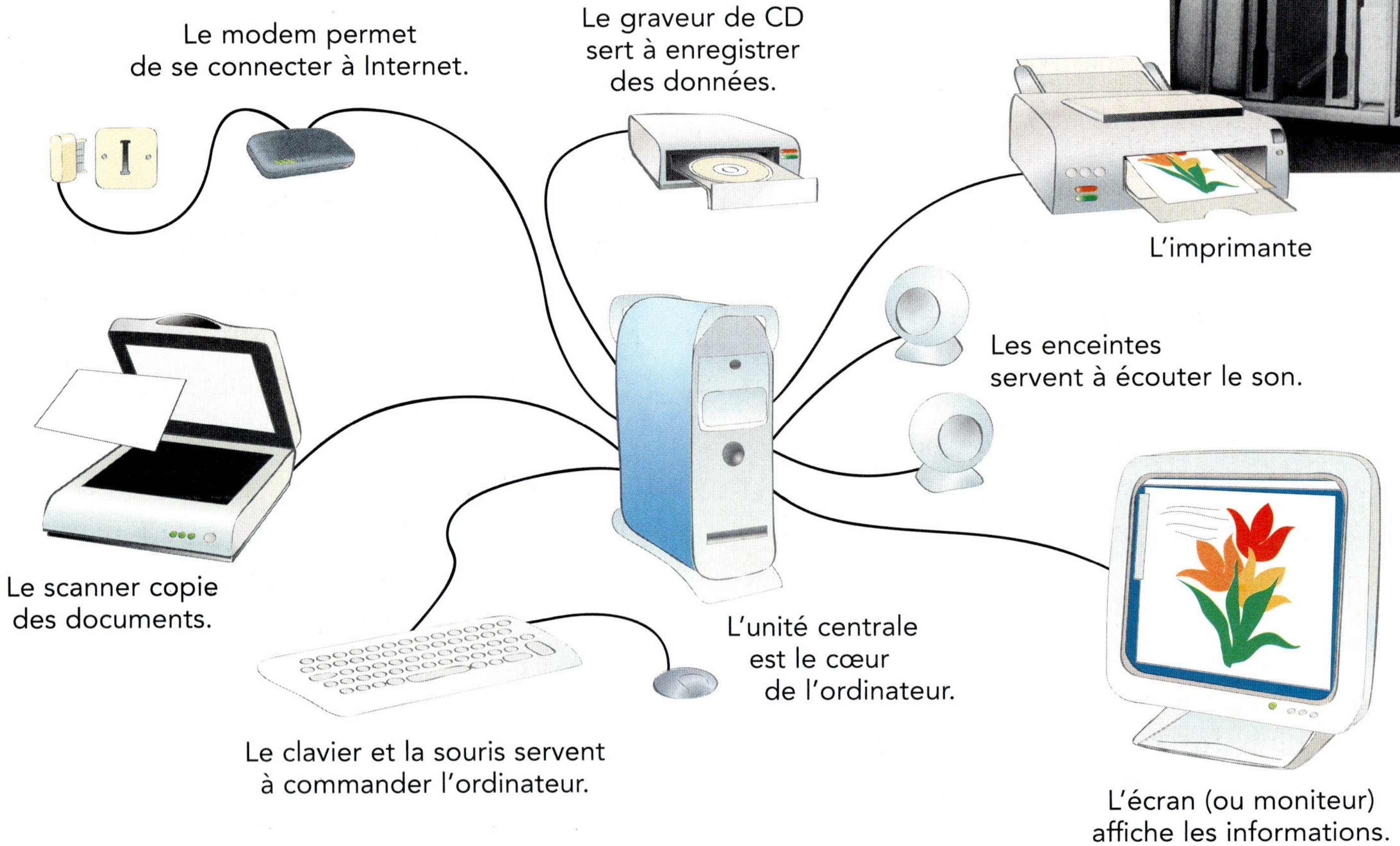

Un outil performant

Les scientifiques utilisent l'ordinateur pour faire des calculs très compliqués. Certaines voitures très perfectionnées sont équipées d'ordinateurs qui donnent la position de l'automobile (là où elle se trouve) grâce à un satellite. C'est le système GPS. Grâce aux ordinateurs, on peut aussi guider les fusées, les satellites ou les radars…

pour quoi faire ?

Le premier ordinateur : il occupe deux grandes pièces et il faut plusieurs personnes pour le faire fonctionner.

Un ordinateur portable aujourd'hui

Tetaclac se détraque !

Pierre possède un ordinateur qui se commande à la voix : Tetaclac qui fait tout dans la maison.

– Tu es programmé pour te dépanner toi-même. Qu'attends-tu ?

– LA LUMIÈRE, a sournoisement répondu la machine.

– Je n'y comprends rien ! s'est exclamé Pierre en tapant du poing sur le bureau. Puis s'adressant à Claire : Ce qu'a fait Tetaclac aujourd'hui est…

– OK. ENREGISTRÉ. COMBIEN DE TASSES ?

– Tasses de quoi ?

– N'AVEZ-VOUS PAS COMMANDÉ DU CAFÉ ? J'AI ENTENDU : CAFÉ, TÉTACLAC.

Et sans attendre la réponse, il a mis le moulin en route…

Michèle Kahn – *Un ordinateur pas ordinaire*
Éditions Pocket Jeunesse

L'ordinateur à la maison

À la maison, l'ordinateur sert à écrire des courriers, mettre en mémoire des documents, des images, des photos, regarder des films en DVD, jouer… ou encore communiquer et chercher des informations sur Internet.

Le sais-tu ?

En France, plus de la moitié des familles possèdent un ordinateur, et une famille sur trois est connectée à l'Internet !

Ateliers d'écriture

Atelier 1 : Tu voudrais avoir un ordinateur : rédige quelques phrases pour décider tes parents à te l'offrir.

Atelier 2 : Imagine que tu possèdes un robot : raconte comment il fonctionne et tout ce qu'il peut faire.

Comment bien comprendre le sens d'un mot ?

Observe

Carte (NOM FÉMININ)

1. Petit carton qui sert à jouer.

2. Dessin qui représente un pays, une région, une ville (carte routière, carte géographique).

3. Liste des plats et des boissons, dans un restaurant.

4. Carte postale : rectangle en carton avec un côté illustré et un côté pour écrire.

5. Carte à puce : carte comportant un petit élément où sont stockées des informations qui peuvent être lues par un ordinateur.

Observe les différents documents et leurs significations.

Recherche

Réponds aux questions.

- Combien d'illustrations vois-tu sur la page 158 ? Que représentent-elles ?
- Où se trouve la définition du dictionnaire ?
- Combien de sens différents la définition du dictionnaire donne-t-elle pour le mot « carte » ?
- Quelles cartes ont un rapport avec : la géographie, les jeux, les puces électroniques ?

1 **Lis les phrases. Trouve pour chacune le sens du mot « carte ». Recopie le tableau et complète-le avec les lettres qui conviennent.**

A. On distribue 5 **cartes** à chaque joueur.
B. La **carte** indique que nous sommes à 50 kilomètres de Lyon.
C. J'achète une **carte** téléphonique.
D. Regarde la **carte** et choisis un dessert.
E. L'as est la **carte** la plus forte.
F. Mes voisins m'ont envoyé une **carte** du Mont-Blanc.
G. Mon père retire de l'argent avec sa **carte** bancaire.
H. Au Moyen Âge, l'Amérique ne figurait pas sur les **cartes**.
I. Une grande **carte** du monde est affichée sur le mur de ma chambre.

Sens 1	Sens 2	Sens 3	Sens 4	Sens 5
A				

2 **Cherche le sens des expressions suivantes :**

brouiller les cartes, jouer cartes sur table, construire des châteaux de cartes, jouer sa dernière carte, donner carte blanche.

Atelier

- Cherchez dans le dictionnaire les différents sens des mots : *as, cœur, lettre, marche, glace, but, quille, pensée.*
- Cherchez d'autres mots qui ont plusieurs sens.

Certains mots ont plusieurs sens.
Regarde toujours bien l'ensemble de la phrase pour comprendre un mot.
Un mot peut aussi être employé dans une expression imagée (c'est une manière de faire comprendre une idée) :
« donner carte blanche à quelqu'un » veut dire qu'on lui fait totalement confiance.

Crédits iconographiques

p. 6 : K. Lena/Hoa-Qui ; N. Tavernier/REA ;
p. 7 : T. Fred/Hoa-Qui ;
p. 8 : M.Rugner/Age/Hoa-Qui ;
p. 9 : P. Van Den Berg/Age/Hoa-Qui ;
p. 10 : W. Bibikow/Age/Hoa-Qui ;
p. 11 : PBY/Hoa-Qui ;
p. 12 : D. Scott/Age/Hoa-Qui ; M.Garnier/Hoa-Qui ; Photo RMN/C.Rose ;
p. 13 : F. Jalain/Hoa-Qui ; Photo RMN/Ojéda/Le Mage ;
p. 14 : F. Thomas/Hoa-Qui ; S. Scott/Age/Hoa-Qui ; M.Fourmy/REA
p. 15 : Morand Grahame/Hoa-Qui ; D. Deperant/Hoa-Qui ; Sunset/Dowland ;
p. 17 : B. Morandi/Age/Hoa-Qui ; C.Doerr/Age/Hoa-Qui ;
p. 18 : L. Real/Age/Hoa-Qui ;
p. 19 : S. Dupont/Hoa-Qui ;
p. 20 : Morand Grahame/Hoa-Qui ; L.Cary/Age/Hoa-Qui ; K. Welsh/Age/Hoa-Qui ; T. Kaiser/Age/Hoa-Qui ; N. Thibau/Hoa-Qui ; Raga /Age/Hoa-Qui ; Balzak/Explorer ;
p. 21 : Bamase/Explorer ; C. Doerr /Age/Hoa-Qui ; J.F. Hagenmuller/Hoa-Qui ;
p. 24 : Targa/Age/Hoa-Qui ; Ciel et Espace ; Zefa-Kohlhas/Hoa-Qui ;
p. 25 : Glamour Inernational/Age/Hoa-Qui ; Dinodia/Age/Hoa-Qui ;
p. 27 : Anthony Craddock/Age/Hoa-Qui ; Roger Wilmshurst/Age/Hoa-Qui ; B. Charles ;
p. 30 : W. Geiersperger/Hoa-Qui ; L. Kary/Age/Hoa-Qui ; W. Buss/Hoa-Qui ; C. Doerr/Age/Hoa-Qui ; PBY/Hoa-Qui ;
p. 31 : G. Andrade/Age/Hoa-Qui ; G. Dagli Orti ; Jacana ;
p. 32 : E. Ereza/Age/Hoa-Qui ; PBY/Hoa-Qui ;
p. 33 : PBY/Hoa-Qui ; P. Roy/Hoa-Qui ; Galaxy Contact/Hoa-Qui ;
p. 34 : C. Volkland/Age/Hoa-Qui ;
p. 35 : S. Cordier/Jacana ; Wisniewski/Jacana ; E.A. Janes/Age/ Hoa-Qui ; G. Thouvenin/Jacana ; D. Scott/Age/Hoa-Qui ;
p. 38 : Nasa/Ciel et Espace ; Labat/Lanceau Phone ;
p. 39 : M. Nolan/Age/Hoa-Qui ; Sunset/Japack ; G. Dagli Orti ;
p. 41 : Hoa-Qui ; P. Roy/Hoa-Qui ;
p. 42 : B. Welsh/Age/Hoa-Qui ; Valter/Phone
p. 43 : J. Cancalosi/Age/Hoa-Qui ;
p. 44 : E. Ereza/Age/Hoa-Qui ; N. Dennis /Age/Hoa-Qui ;
p. 45 : S. Grant/Age/Hoa-Qui ; J.L. Cala/Age/Hoa-Qui ;
p. 46 : C. Doerr /Age/Hoa-Qui ; S. Krasemann/Jacana ;
p. 47 : K. Boykin/Age/Hoa-Qui ;
p. 48 : Photothèque Hachette ; T. Walker/Jacana ; G. Holland/Age/Hoa-Qui ;
p. 49 : J. Boucher/Age/Hoa-Qui ;
p. 50 : D. Cauchois/Jacana ; U. Schanz /Jacana ; Roux/Jacana ; Ephotocorp/Age/Hoa-Qui ; B. Photography/Age/Hoa-Qui ; F. Siteman/Age/Hoa-Qui ; G. Holland/Age/Hoa-Qui ; Sunset/Keller ;
p. 51 : G. Holland/Age/Hoa-Qui ; Marevision/Age/Hoa-Qui ; D. Paynter/Age/Hoa-Qui ; J. Silvia/Age/Hoa-Qui ; Marevision/Age/Hoa-Qui ; Juan Carlos Calvin/Age/Hoa-Qui ; PBY/Hoa-Qui ;
p. 52 : H. Berthoule/Jacana ; Roger Wilmshurst/Age/Hoa-Qui ; Zefa/Hoa-Qui ;
p. 53 : D. Cauchois/Jacana ; Wisniewski/Hoa-Qui ; E. A. Janes/Age/Hoa-Qui ; P. Oxford/NPL/Jacna ;
p. 54 : M. Rugner/Age/Hoa-Qui ; J. Cancalosi/Age/Hoa-Qui ;
p. 55 : E.A. Janes/Age/Hoa-Qui ;
p. 56 : M. Rugner/Age/Hoa-Qui ; Durandal/Jacana
p. 57 : C. Mattison/Age/Hoa-Qui ; F. Polking/Jacana ; Denis Huot/Hoa-Qui ; Hoa-Qui ;
p. 58 : J. Milchanowski/Age/Hoa-Qui ;
p. 59 : S. Cordier/Jacana/Hoa-Qui ; A. Leclerc/Bios ;
p.60 : SGM/Age/Hoa-Qui ; P. Holmes/Age/Hoa-Qui ; PBY/Hoa-Qui ; G. Thouvenin/Hoa-Qui ; A. Skelley/Corbis ; D. Cauchois/Jacana ;
p. 61 : J.-L. Petit/Petit Format/Hoa-Qui ; Tom Grill/Age/Hoa-Qui ;
p. 62 : T. Grill/Age/Hoa-Qui ;
p. 63 : Antonio López Román/Age/Hoa-Qui ; Roberdeau Fabien/Jacana ; Lorne Patrick/Jacana ;
p. 64 : Liane Cary/Age/Hoa-Qui ;
p. 65 : E. A. Janes/Age/Hoa-Qui ;
p. 66 : Photo RMN/R. G. Ojéda ;
p. 67 : P. Coll/Age/Hoa-Qui ;
p. 68 : F. Rombout/Hoa-Qui ;
p. 69 : Glanzmann/Hoa-Qui ; T. Moreau/Bios ;
p. 71 : M. Danegger/Jacana ;
p. 72 : T. Crobison/Age/Hoa-Qui ; E. Anderson/Age/Hoa-Qui ;
p. 73 : Liane Cary/Age/Hoa-Qui ;
p. 74 : W. Otto/Age/Hoa-Qui ; G. Dagli Orti ; Clasen/Wallis ;
p. 75 : W. Gieersperger/Age/Hoa-Qui ; G. Dagli Orti ; Gilles Rolle/REA ; Casio ;
p. 76 : Hachette Livre ;
p. 77 : L. Kary/Age/Hoa-Qui ;
p. 78 : Nasa/Ciel et Espace ;
p. 79 : Cartographie Hachette ;
p. 81 : K. A. Wule/Age/Hoa-Qui ; J. Carter/Age/Hoa-Qui ;
p. 82 : P. Robles/Age/Hoa-Qui ; J.M. Riola/Age/Hoa-Qui ;
p. 83 : Galaxy Contact/Hoa-Qui ;
p. 84 : L. Castaneda/Age/Hoa-Qui ; Météo France ;
p. 85 : T. Fred/Hoa-Qui ; Marevision/Age/Hoa-Qui ; Cartographie Hachette ;
p. 86 : F. Jourdan/Altitude ; Raga/Age/Hoa-Qui ; N.J. Norenlind/Age/Hoa-Qui ; D. Scott/Age/Hoa-Qui ; C.A. Blakeslee/Age/Hoa-Qui ;
p. 87 : PBY/Hoa-Qui ; P. Roy/Hoa-Qui ;
p. 89 : T. Klassen/Age/Hoa-Qui ; L. M. Brasero/Age ; Fotostock/Hoa-Qui ;
p. 90 : P. Holmes/Age/Hoa-Qui ;
p. 92 : J. Canclosi/Age/Hoa-Qui ; Streichan/Hoa-Qui ;
p. 93 : F. Vidal/Bios ; Bios ;
p. 94 et 95 : Iris Sudio/Wallis ; M. Roussel/Sciences et Vie Découverte, Foster/PhotoResearchers/Cosmos, Pasieka/SPL/Cosmos Bios ; Hachette Education ; Hachette Jeunesse ; s.p.r.l. Jean Roba-2004/Dargaud Benelux -Roba 2004
p. 96 : M. Romine/Age/Hoa-Qui ; P. Roy/Hoa-Qui ; Balzak/Explorer ; F. Siteman/Age/Hoa-Qui ;
p. 97 : C. Day/Age/Hoa-Qui ; Photo RMN/M. Bellot ;
p. 99 : PBY/Hoa-Qui ; De Courty/Hoa-Qui ;
p. 100 : 2 Eyes/Age/Hoa-Qui ;
p. 102 : J.M. Labat/Phone ;
p. 101 : L. Real/Age/Hoa-Qui ; T. Blandino/Editing Server ;
p. 102 : J.M. Labat/Phone ; C. Doerr/Age/Hoa-Qui ; Rugner/Age/Hoa-Qui ; M. Hamblin/Age/Hoa-Qui ;
p. 103 : France 3 ; PBY/Hoa-Qui ;
p. 105 : J.M. Labat/Phone ; T. Fred/Hoa-Qui ;
p. 104 : M. Mariarz/Age/Hoa-Qui ; Pallaske-F1/Wallis ; Seb ; Moulinex ;
p. 106 : Mauritius/Hoa-Qui ; J.M. Labat/Hoa-Qui ; Styiap/Age/Hoa-Qui ; P. Gibbard/Age/Hoa-Qui ; Bettmann/Corbis ; Dano/Wallis ;
p. 107 : Valentin/Hoa-Qui ;
p. 108 : Moulin Roty ; G. Gay/ W. Danete/Age/Hoa-Qui ;
p. 109 : P. Coll/Age/Hoa-Qui ;
p. 110 : P. Gleizes/REA ;
p. 111 : Glamour International/Age/Hoa-Qui ; W. Danete/Age/Hoa-Qui ; P. Body/Hoa-Qui ;
p. 115 : Picture Partners/Age/Hoa-Qui ;
p. 116 : F. Gonzales/Age/Hoa-Qui ;
p. 119 : R. Kaufman/Corbis ;
p. 120 : Alberni/Age/Hoa-Qui ;
p. 121 : M. Nolan/Age/Hoa-Qui ;
p. 122 : BSIP ; Villeger/Hoa-Qui ; S. Pearce/Age/Hoa-Qui ; C. Edelmann/Hoa-Qui ;
p. 123 : B. Welsh/Age/Hoa-Qui ; S. Pearce/Age/Hoa-Qui ; P. Holmes/Age/Hoa-Qui ;
p. 125 : P. Holmes/Age/Hoa-Qui ; R.Volot/Jacana ;
p. 126 : S. Villeger/Hoa-Qui ; G. Baden/Hoa-Qui ; D. Cauchois/Jacana ;
p. 127 : SGM/Age/Hoa-Qui ; Ausloos/Hoa-Qui ;
p. 128 : H. Kaiser/Age/Hoa-Qui ; P. Holmes/Age/Hoa-Qui ;
p. 129 : C. Valentin/Hoa-Qui ; M. Baret/RAPHO
p. 132 : L'Illustration/Keystone-France ; MAP/NOUN ;
p. 133 : Keystone-France ; G. Dagli Orti ;
p. 134 : P. Body/Hoa-Qui ; T. Thomas/Hoa-Qui ;
p. 135 : C. Mattison/Age/Hoa-Qui ;
p. 136 : Alberni/Age/Hoa-Qui ; G. Thouvenin/Hoa-Qui ;
p. 137 : E. Baccega/Jacana ; T. Dressler/Jacana ;
p. 138 : Coll. Kharbine-Tapabor ;
p. 140 : Coll. Kharbine-Tapabor ; M. Evans/Keystone ;
p. 141 : Photothèque Hachette Livre ; Scope/J. Guillard ;
p. 143 : Worldscapes/Age/Hoa-Qui ; Illuis Real/Age/Hoa-Qui ;
p. 144 : Buss/Age/Hoa-Qui ;
p. 145 : P. Narayan/Age/Hoa-Qui ;
p. 146 : G. Haling/Age/Hoa-Qui ; Photo RMN/R.J. Ojéda ;
p. 147 : L'Illustration/Keystone-France ; Explorer Archives/Keystone-France ; Roger-Viollet ;
p. 148 : R. Goscinny, A. Uderzo/Éditions Albert René ;
p. 150 : Keystone-France ; Coll. Kharbine/Tapabor ;
p. 151 : D.Butzmann/Zenit-Laif/REA ; Cité des Sciences et de l'Industrie ;
p. 152 : T. Grill/Age/Hoa-Qui ; A. Bacchella/Jacana ;
p. 153 : P. Powietrzynski/Age/Hoa-Qui ; G. Felix/Jacana/Hoa-Qui ;
p. 154 : K. Murphy/Age/Hoa-Qui ; G. Dagli Orti ;
p. 155 : Anosha/Age/Hoa-Qui ;
p. 156 : Explorer Archives/Keystone-France ;
p. 157 : S. Pearce/Age/Hoa-Qui ;
p. 159 : J.F. Hagenmuller/Hoa-Qui ;

Imprimé en Italie par Officine Grafiche Novara 1901
Dépôt légal : 41561-02/2004 - collection n° 88 - Edition n° 01 - 11/6451/65

La conjugaison des verbes chanter, être et avoir

CHANTER	ÊTRE	AVOIR
Présent (de l'indicatif)		
je chante tu chantes il ou elle chante nous chantons vous chantez ils ou elles chantent	je suis tu es il ou elle est nous sommes vous êtes ils ou elles sont	j'ai tu as il ou elle a nous avons vous avez ils ou elles ont
Imparfait (de l'indicatif)		
je chantais tu chantais il ou elle chantait nous chantions vous chantiez ils ou elles chantaient	j'étais tu étais il ou elle était nous étions vous étiez ils ou elles étaient	j'avais tu avais il ou elle avait nous avions vous aviez ils ou elles avaient
Futur (de l'indicatif)		
je chanterai tu chanteras il ou elle chantera nous chanterons vous chanterez ils ou elles chanteront	je serai tu seras il ou elle sera nous serons vous serez ils ou elles seront	j'aurai tu auras il ou elle aura nous aurons vous aurez ils ou elles auront
Passé composé (de l'indicatif)		
j'ai chanté tu as chanté il ou elle a chanté nous avons chanté vous avez chanté ils ou elles ont chanté	j'ai été tu as été il ou elle a été nous avons été vous avez été ils ou elles ont été	j'ai eu tu as eu il ou elle a eu nous avons eu vous avez eu ils ou elles ont eu